Anne ARRIGONI

Contes du monde au théâtre

Sous la direction de
Dominique Mégrier *et* **Alain Héril**

8/12 ANS

S. Assouline
P. Mecucci
J. Viallon
A.-C. Vivet-Rémy
L. Walker

RETZ
www.editions-retz.com
1, rue du Départ
75014 PARIS

Dans la même collection

Pour les 7 à 13 ans

Pièces pour frissonner, 7-13 ans
sous la direction de D. Mégrier et A. Héril

20 pièces à jouer, 7-13 ans
sous la direction de Ch. Lamblin

La grammaire en scènes, 8-11 ans
A.-C. Vivet-Rémy, F. Fontaine, Ch. Lamblin

Les malheurs de l'orthographe au théâtre, 7-10 ans
collectif

Les mathématiques en scène, 8-11 ans
collectif

Petites comédies pour les enfants, 7-11 ans
sous la direction de Ch. Lamblin

Pièces drôles pour les enfants, 7-11 ans
sous la direction de Ch. Lamblin

Pièces et saynètes pour les enfants, 7-11 ans
sous la direction de D. Chauvel

Pièces policières, 7-11 ans
sous la direction de Ch. Lamblin

Théâtre et langage à l'école, 8-11 ans
Yak Rivais

Sommaire

Notes biographiques 4
Avant-propos 5

1 Niamké ou le vol de la calebasse
Sabine Assouline *7*
Côte-d'Ivoire
On a volé la calebasse de Niamké... Ce tour, joué par Nicolas et Vincent, va les entraîner dans une aventure riche en rencontres, couleurs et leçons d'humanité.
Acteurs : 11 + chœur de 7 personnes
Durée : 25 minutes
Niveau : 8-12 ans

2 La poudre aux yeux
Lalie Walker *53*
Inde du Nord
Dans un village reculé, un beau soir, tous les enfants se réunissent : ils ne veulent pas laisser partir leur maîtresse. Les dieux vont les aider...
Acteurs : 10 + figurants
Durée : 30 minutes
Niveau : 10-12 ans

3 La princesse capricieuse
Patrick Mecucci *71*
Chine
La princesse Douce-Épine veut un diadème en bulles d'eau. Qui va bien pouvoir réaliser ce caprice ?
Acteurs : de 16 à 20
Durée : 25 minutes
Niveau : 8-10 ans

4 La légende du partage du jour et de la nuit
Jacky Viallon *88*
Brésil
La nuit ne descend plus sur la forêt et le petit village de Quéco... Qui a volé la nuit ? Dieu-des-Ténèbres s'amuse : il n'est plus assez sombre pour étendre son manteau de nuit...
Acteurs : 19
Durée : 45 minutes
Niveau : 8-11 ans

5 Paroles de sagesse
Anne-Catherine Vivet-Rémy *127*
Afrique
Djebé, petit garçon vif et têtu, n'écoute pas ses parents. Il pénètre dans le bois sacré. Mais là, il va connaître de terribles épreuves. Saura-t-il écouter les conseils qu'on lui donnera pour sortir indemne de son aventure ?
Acteurs : 17 + 1 chœur de 4 personnes + des villageois
Durée : 25 minutes
Niveau : 8-12 ans

6 Le duel des dieux
Lalie Walker *159*
Inde du Nord
Deux jeunes conteurs, Lata et Haroun Alifbay, vont de village en village, pour raconter l'épopée des dieux de l'Inde. Arrivés à Kibbar, le plus haut village du monde, dans l'Himalaya, ils rassemblent un groupe d'enfants qui vont interpréter la pièce devant tout le village.
Acteurs : 12 + figurants
Durée : 30 minutes
Niveau : 10-12 ans

7 Combat contre la nuit
Patrick Mecucci *177*
Australie
Qui l'emportera, des hommes ou de la nuit leur grande ennemie ? Un combat de mots s'engage...
Acteurs : 21 à 25
Durée : 30 à 40 minutes
Niveau : 10-12 ans

Notes biographiques

Sabine Assouline

Née en 1970, Sabine Assouline est présidente de la compagnie théâtrale « Les mots de tête » depuis 1992. Elle met en scène les pièces qu'elle écrit : *La Quête du Malgavor*, en 1997, *Entre rêves et réalités*, en 1992 version pour adultes et en 1999 version pour enfants.

Lalie Walker

À 34 ans, Lalie Walker partage son temps entre l'écriture et la thérapie. Traductrice et auteur de pièces radiophoniques, rédactrice en chef du journal *Connivences* (organe de presse de la Fédération internationale de sophrologie analytique), elle pratique également son métier de thérapeute en organisant des séminaires.

Patrick Mecucci

Né en 1956 dans la région parisienne, Patrick Mecucci connaît un parcours personnel assez fantasque. Tour à tour ou conjointement instituteur, moniteur d'auto-école, laborantin, enquêteur, graphiste publicitaire, comédien, metteur en scène et auteur dramatique, il promène sur la vie un regard étonné et gourmand.
Sans doute son fils âgé de 10 ans n'est-il pas pour rien dans le goût qu'il a de s'adresser aux enfants pour leur raconter des histoires et leur proposer des questions sur le monde, sur les gens et leurs rapports avec ce dernier.

Jacky Viallon

Après une formation de comédien et des études universitaires de lettres et de théâtre, Jacky Viallon fonde une compagnie théâtrale avec Danièle Bouvier. Il est édité régulièrement depuis 1987 (théâtre, roman, nouvelles, articles divers tant en direction des jeunes que des adultes : Éd. Actes-Sud-Papiers, L'Avant-Scène-Théâtre, la Vague à l'Âme, Retz, Nathan, Milan, Lansman, Crater). Pièces principales pour adultes : le *Prince des rats*, le *Directeur des Mouches*, *La Mécanique de l'autruche*, *La Langue de bois*. Pour la jeunesse : *Des oiseaux dans ma tête*, *Le Sens de l'ombre*, *Le Gros-Georges*, *Un peu de Roi…*, *Pièces drôles* et *20 pièces à jouer* aux éditions Retz, *La Légende de Zourne*. Ses textes sont souvent montés en France, Belgique, Suisse et Autriche. Il est régulièrement diffusé sur France-Culture. Il anime également des ateliers de théâtre et d'écriture avec la Maison du geste et de l'image et collabore avec la Maison des écrivains et la CCAS.
Il a reçu de nombreux prix pour ses nouvelles, parmi lesquelles M. *Tendre et son mort* fait actuellement l'objet d'une adaptation cinématographique.
Il a été lauréat Beaumarchais en 97 avec *La Mécanique de l'autruche* (Avant-scène Théâtre) et a obtenu le premier prix de Premières Répliques au cours d'écriture théâtrale de la scène nationale les Plateaux d'Angoulême avec *La Langue de bois*, éd. Lansman.

Anne-Catherine Vivet-Rémy

Anne-Catherine Vivet-Rémy a fait plusieurs métiers. Elle a été comédienne, puis formatrice aux usines Renault, et elle est aujourd'hui professeur de collège mais surtout mère de famille. Elle a cinq enfants auxquels, quand ils étaient petits, elle a lu des tonnes d'histoires. Ses trois filles et ses deux garçons sont devenus grands mais elle, elle n'a pas grandi : elle joue à l'école avec ses élèves, met en scène la grammaire et écrit des pièces et des récits de fiction pour la jeunesse.

Avant-Propos

Comme son titre l'indique, cet ouvrage est un voyage au cœur de cultures différentes de la nôtre.

Dans les récits qui suivent, les dieux, les animaux, les hommes, les revenants interviennent pour résoudre un problème qui se pose aux hommes.

Un problème qui met en cause l'organisation de la communauté, du monde et qui empêche, finalement, les hommes d'être réellement humains.

Ces pièces nous enseignent la fraternité et la chaleur humaine.

Elles nous apprennent à mieux regarder l'autre, à ne pas juger à la légère, à l'accepter avant de tenter de l'améliorer. Et à apprendre qu'un changement chez l'autre s'accompagne d'un changement chez soi-même : c'est se transformer pour évoluer, pour aller plus loin dans l'humanité. Et ceci au milieu d'animaux et de dieux qui parlent, interrogent, s'amusent et font avancer les êtres et les choses.

Voici donc sept pièces pour rêver et se poser quelques questions essentielles.

Ce sont aussi sept contes : on y trouve des peurs enfouies qui surgissent à l'improviste, des princesses à sauver par des héros valeureux, jeunes et inexpérimentés. On peut y perdre aussi ses illusions, ses croyances. Mais ce que l'on gagne est toujours infiniment supérieur à ce que l'on laisse derrière soi. Chaque conte a une morale, qui n'est jamais mièvre ou réductrice, mais qui entraîne au contraire à l'action, aux prises de position. En bref, qui permet d'appréhender et de comprendre ce qu'est la maturité.

Les personnages se nomment Djebé, Douce-Épine, buisson Wigú, lune Bahlú, Commère-la-Grimace, Ganésha, Niamké ou Calao… Autant de noms qui renforcent l'exotisme de ces histoires, qui nous emmènent ailleurs… La musique de ces noms porte en elle la promesse d'une ballade étincelante, d'un parcours magique et coloré.

Lire ces pièces, apprendre leur texte et les jouer sont autant de prétextes pour découvrir d'autres cultures et d'autres horizons.

Cela nécessitera pour les enseignants un grand travail de recherche si l'on veut correctement recréer, dans l'esprit des enfants, le caractère de ces pays, si lointains et si proches à la fois (souvent à quelques heures d'avion seulement !).

On se sent alors l'envie de lire d'autres contes, de découvrir d'autres cosmogonies, d'autres façons de concevoir l'univers et les rapports que nous pouvons entretenir avec lui. Ailleurs on est souvent pauvre, on mange différemment, on utilise un autre langage. Ailleurs n'est pas forcément mieux ou moins bien : c'est juste différent ! Telle est la diversité de notre planète : généreuse, chatoyante et attirante.

Ce parcours théâtral permet aussi à de jeunes enfants de prendre conscience que leurs problématiques se retrouvent dans d'autres pays, mais sous d'autres formes et avec d'autres manifestations. Et de s'apercevoir que l'enfance et l'entrée dans l'adolescence, que l'on soit Français, Indien, Maori, Chinois ou Ivoirien, se posent avec des difficultés similaire face au monde des adultes.

Ouverture sur d'autres traditions, d'autres rivages, d'autres communautés, d'autres visages, même si ceux-ci portent des masques.

Ouverture sur le monde pour comprendre que « chacun est responsable de tous » (Antoine de Saint-Exupéry).

Et que le bonheur retrouvé d'un enfant des antipodes permet à un enfant de France d'avoir accès au sien.

Dominique MÉGRIER
Alain HÉRIL

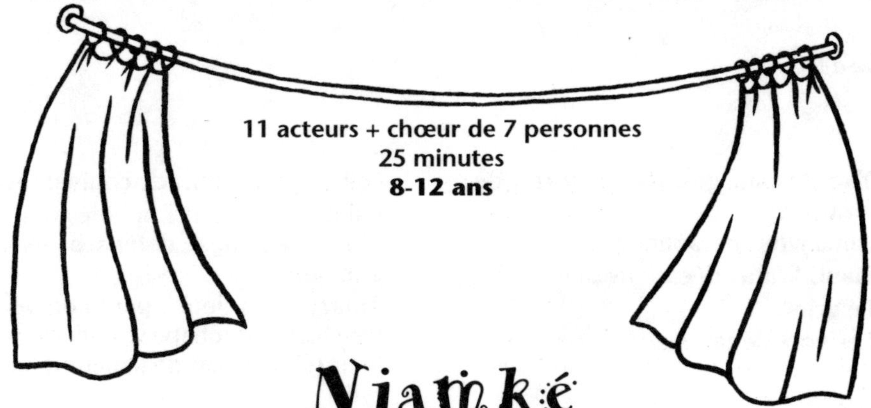

11 acteurs + chœur de 7 personnes
25 minutes
8-12 ans

Niamké ou le vol de la calebasse

de

Sabine Assouline

Pays : Côte-d'Ivoire

Nicolas et Vincent jouent un tour à Niamké, nouvelle élève de leur classe. Elle arrive de Côte-d'Ivoire. Mais ce petit jeu pourrait leur coûter cher ; aussi le bon génie des enfants va-t-il les aider à réparer ce vol. Et l'on retrouve nos deux garçons en Côte-d'Ivoire. Là, ils vont rencontrer des personnages hauts en couleur qui, chacun à leur façon, les aideront à récupérer l'objet volé tout en leur donnant une belle leçon de savoir-vivre et d'humanité.

Remarques

Tout le texte est très coloré et doit s'appuyer sur le fait que l'action se passe dans des pays différents.
Le jeu sera très naturel pour les trois enfants. Les autres personnages devront être joués comme étant des personnages légendaires : ce qu'ils disent est capital mais ils le disent sans emphase.
Nicolas et Vincent naviguent comme dans un rêve pendant la journée passée en Côte-d'Ivoire.
Donner deux atmosphères différentes pour les deux lieux : le terrain vague plutôt triste, sec, aride ; la Côte-d'Ivoire luxuriante et verdoyante.

Personnages

- **Nicolas et Vincent** : 10 ans, jouent aux braves mais ne le sont pas réellement.
- **Niamké** : 10 ans, arrive de la Côte-d'Ivoire et veut se faire des amis en France.
- **Le génie** : c'est le bon génie des enfants ; il va les aider à réparer leur bêtise. Personnage sérieux, un tantinet moralisateur.
- **Calao** : personnage-oiseau.
- **Le vieillard Kodjo** : personnage très sage, sollicité pour ses conseils.
- **Kakou l'éléphant**
- **7 villageois**

- **Yao le margouillat** : sorte de lézard.
- **Amaryllis** : personnage-fleur.
- **Mami Wata** : déesse de la mer.
- **Le griot**
- **Les voix de la mer**

Décor

Bien distinguer les deux lieux :

- Le terrain vague : répandre sur le sol de la tourbe blonde (se trouve dans les jardineries à prix assez peu élevé).
- La Côte-d'Ivoire : de grandes plantes posées en différents endroits du plateau. Elles seront de tailles différentes mais très verdoyantes.

Le changement de décor se fera pendant que les deux jeunes garçons auront les yeux fermés. Les personnages qui interviennent dans la seconde partie pourront planter le décor. À ce moment-là, la lumière sera plus faible.
La mer sera faite de deux très grands morceaux de tissu bleu très fluide tenus par quatre enfants et allant d'une coulisse à l'autre. L'enfant jouant Mami Wata pourra sortir d'entre les deux morceaux de tissu, représantant les vagues.

Costumes

- Nicolas et Vincent : jeans, baskets et tee-shirts.
- Niamké : costume très coloré mais à l'européenne.

Pour les autres personnages, ne retenir peut-être qu'un élément, en jouant sur la couleur :

- Calao : nombreuses plumes de toutes les couleurs, pantalon ou collant et tee-shirt de couleur vive.
- Kakou l'éléphant : habillé tout en gris avec des défenses assez grandes.
- Amaryllis la fleur : pantalon vert, tee-shirt vert, chapeau en forme de fleur (s'inspirant de la fleur d'amaryllis).
- Mami Wata : robe très fluide dans les tons bleu pâle ou gris très clair.
- Yao le margouillat : pantalon et tee-shirt vert kaki recouvert de morceaux de tissu simulant les écailles.
- Les 7 villageois : habillés de couleurs très vives avec des morceaux de tissu aux différents dessins.

Accessoires

- Une canette de jus de fruits
- Du talc (la poudre que jette le vieillard)
- Une gourde en peau, remplie d'eau
- Une calebasse

À noter

Si le nombre d'enfants du groupe est inférieur à 18, vous pouvez faire jouer des villageois par les enfants interprétant un autre personnage.
La voix de Mami Wata peut être enregistrée ou dite depuis les coulisses. Dans les deux cas elle sera très profonde et très chaude.
Les deux changements de décor se feront à vue même si la lumière est très faible ; aussi, les personnes qui se chargeront de ces changements devront-elles le faire en silence et avec beaucoup de précision.

Cette pièce est dédiée à
Niamké-Anne Kodjo

Vincent et Nicolas arrivent dans un terrain vague en riant, ils se chahutent et s'assoient sur une butte.

NICOLAS

Ah ah ah ! C' que c'est drôle !

VINCENT

Ouais ! Ah ah ah !

NICOLAS

On est vraiment forts ! On va s'appeler « les champions des blagues » ! D'accord ?

VINCENT

D'accord !

NICOLAS

Je bois à notre santé ! *(Il tient une canette de jus de fruits à la main.)*

VINCENT

Tu m'en donnes un peu ?

NICOLAS

Non !

VINCENT

Pourquoi ?

NICOLAS

Parce que c'est ma canette !

VINCENT

Fais-moi goûter !

NICOLAS, *buvant.*

Hummm ! Ça fait du bien !

VINCENT

Allez Nicolas, s'il te plaît ! J'ai le gosier complètement desséché !

Texte de **Sabine Assouline**, *Contes du monde au théâtre*.

NICOLAS

T'as le gosier complètement desséché ?

VINCENT

Ouais !

NICOLAS

Asséché ?

VINCENT

Ouais !

NICOLAS

Tu aimerais l'inonder de jus de fruits ? Le mouiller ? L'arroser ? L'irriguer ?

VINCENT

Ouais ! T'es casse-pieds à la fin !

NICOLAS, *regardant sa canette.*

Dommage pour le gosier desséché ! Ma canette est vide !

VINCENT

Tu rigoles ?

NICOLAS

Non ! Adieu jus de fruits !

VINCENT

T'es dégoûtant !

Entrée d'une petite fille ; elle s'appelle Niamké.

NICOLAS

Vincent ! Regarde qui est-ce qui se ramène...

VINCENT

Mince ! C'est la nouvelle de la classe ! Qu'est-ce qu'on fait ?

NICOLAS

Fais-la dégager d'ici !

VINCENT

D'accord! *(Il se lève et s'adresse à Niamké.)* Halte! T'as pas le droit de venir sur ce terrain vague, c'est notre territoire!

NIAMKÉ

Excusez-moi, mais je...

VINCENT

À moins que nous acceptions de te recevoir! Dans ce cas, tu dois payer le droit de douane!

NIAMKÉ

Le droit de douane?

VINCENT

Oui! La limite à ne pas franchir commence ici! *(Il dessine un trait au sol avec un bâton au ras des pieds de Niamké.)* Si tu dépasses ce trait, tu dois payer!

NIAMKÉ, *reculant.*

Mais je n'ai pas d'argent!

VINCENT

T'as quelque chose à boire?

NIAMKÉ

Non!

VINCENT

Alors tu ne passes pas! Tu peux rebrousser chemin! Allez! Hors d'ici! Hou! Hou!

NICOLAS, *se levant.*

Attends, Vincent! *(S'adressant à Niamké.)* Qu'est-ce que tu veux?

NIAMKÉ

Je voudrais juste que vous m'aidiez!

NICOLAS

Pourquoi est-ce qu'on ferait ça?

NIAMKÉ

Parce que nous sommes dans la même classe !

NICOLAS

Et alors ?

NIAMKÉ

Entre camarades, on peut s'aider...

VINCENT

Non ! Nous, on n'aide pas les gens qu'on ne connaît pas !

NIAMKÉ

Mais vous me connaissez ! Je suis depuis un mois dans votre classe !

NICOLAS

Ça n'est pas assez pour se connaître !

VINCENT

Tu t'appelles comment déjà ?

NIAMKÉ

Niamké !

VINCENT

Il est bizarre ton nom !

NIAMKÉ

Bizarre ? Pas du tout !

NICOLAS

T'étais où avant de venir dans notre classe ?

NIAMKÉ

J'étais en Côte-d'Ivoire.

VINCENT

C'est quoi la Côte-d'Ivoire ?

NIAMKÉ

C'est un pays d'Afrique !

VINCENT

J'en ai jamais entendu parler !

NICOLAS

On ne peut pas t'aider !

NIAMKÉ

Mais vous ne savez même pas de quoi il s'agit !

NICOLAS

Peu importe ! On ne peut pas t'aider ! Allez, va-t'en !

NIAMKÉ

Pourquoi est-ce que vous me parlez comme ça ? Qu'est-ce que je vous ai fait ?

NICOLAS

Arrête de poser des questions et fiche le camp de notre territoire !

Niamké les regarde, interdite.

VINCENT

T'as entendu ? Dégage d'ici !

Niamké se met à pleurer et s'en va.

VINCENT

T'as vu, elle pleure !

NICOLAS

Et alors ? Il n'y a rien d'extraordinaire ! Toutes les filles pleurent !

VINCENT

Ah bon ? Moi aussi, ça m'arrive de pleurer et pourtant je ne suis pas une fille !

NICOLAS

Mais toi t'es mieux qu'une fille : t'es mon meilleur copain! *(Il met à Vincent une petite tape amicale sur la tête.)*

VINCENT

C'est vrai?

NICOLAS

Si je te le dis!

Ils s'assoient tous les deux sur la butte.

VINCENT

Tu crois que Niamké se doute que nous lui avons fait une blague?

NICOLAS

Pourquoi est-ce qu'elle s'en douterait?

Vincent se lève, hausse les épaules et prend la bouteille vide de jus de fruits sur le sol.

VINCENT

T'aurais pu me laisser un peu de jus de fruits quand même! J'ai soif! *(Il boit la dernière goutte.)* Beurk! C'est dégoûtant!

NICOLAS

Qu'est-ce qu'il y a?

VINCENT

La dernière goutte a vraiment un drôle de goût!

Il jette la canette.

NICOLAS

Allez viens, on se casse!

Ils vont pour partir. Mais la canette de jus de fruits se met à parler.

LE GÉNIE

Hep! Vous deux!

NICOLAS ET VINCENT

Qui ? Nous ?

LE GÉNIE

Oui ! Où allez-vous ?

Nicolas et Vincent se regardent et regardent autour d'eux.

VINCENT

Qui parle ?

LE GÉNIE

À ton avis ?

NICOLAS

Montre-toi, idiot !

LE GÉNIE

Cherchez-moi !

NICOLAS

On n'a pas que ça à faire !

LE GÉNIE

Cherchez bien, je ne suis pas très loin !

VINCENT

Nicolas ! La voix vient de la canette de jus de fruits !

NICOLAS

T'es complètement siphonné mon pauvre Vincent !

VINCENT, *criant et s'adressant à la canette.*

Y a quelqu'un là-dedans ?

Apparition du génie de la canette de jus de fruits.

LE GÉNIE

Oui !

NICOLAS ET VINCENT

Aaaaaaaaah !

LE GÉNIE

Allons ! Allons ! Du calme !

Nicolas et Vincent se blottissent l'un contre l'autre.

VINCENT

Qui êtes-vous ?

LE GÉNIE

Je suis le génie de la canette de jus de fruits !

Silence.

NICOLAS, *éclatant de rire.*

Je n'ai jamais rien entendu d'aussi débile !

LE GÉNIE, *énervé.*

Ça n'est pas débile ! J'existe depuis aussi longtemps que le jus de fruits existe ! Je suis le génie des enfants comme le jus de fruits est la boisson des enfants ! J'existe ! Mais peu de gens le savent...

NICOLAS

Il est un peu comme le génie d'Aladin, non ?

VINCENT

Ouais ! Version moderne !

NICOLAS

Alors j'ai droit à trois vœux ? Génial !

LE GÉNIE

Non ! Car je ne suis pas un génie comme les autres ! je n'exauce aucun vœu !

NICOLAS

À quoi sers-tu alors ?

LE GÉNIE

À remettre dans le droit chemin les méchants petits enfants !

NICOLAS, *moqueur.*

Ah ouais ?

LE GÉNIE

Oui, et quelque chose me dit que j'ai en face de moi deux méchants petits enfants !

VINCENT

Hola ! Tu dois faire erreur, génie ! Car tu as en face de toi Nicolas et Vincent, les enfants les plus gentils du monde !

LE GÉNIE

Je ne pense pas !

NICOLAS, *arrogant.*

Qu'est-ce qui te fait dire ça ?

LE GÉNIE, *regardant vincent.*

La dernière goutte de jus de fruits n'était-elle pas amère ?

VINCENT

Pire que ça !

NICOLAS

Je ne vois pas le rapport !

LE GÉNIE

Si la dernière goutte est douce, alors vous êtes des enfants irréprochables ! En revanche, si celle-ci est amère, c'est que vous avez fait une quelconque bêtise, et là, j'apparais !

NICOLAS

Bah ! Tu dois avoir un petit problème dans tes circuits car nous n'avons rien à nous reprocher !

LE GÉNIE

J'ai comme l'impression que vous avez fait une bonne blague, il n'y a pas très longtemps...

VINCENT, *en riant.*

Ouais ! C'est vrai ! On a piqué une sorte de gros plat qui...

NICOLAS

Tais-toi, idiot ! Il dit n'importe quoi !

Le génie regarde Nicolas, l'air soupçonneux.

NICOLAS

Ouais ! D'accord ! On a fait ça ! Quelqu'un a déposé bizarrement un gros plat au milieu d'un carrefour et on le lui a piqué ! C'était juste pour rigoler ! On n'a rien fait de mal !

LE GÉNIE

Combien y avait-il de voies sur ce carrefour ?

VINCENT

De voies ? Euh… Trois je crois !

LE GÉNIE

Trois ! À qui appartenait ce plat ?

VINCENT

À la nouvelle ! Celle qui vient d'arriver dans notre classe.

NICOLAS

Mais pourquoi est-ce que tu nous poses toutes ces questions ?

LE GÉNIE

Silence ! Comment s'appelle-t-elle ?

VINCENT

Niamké. Elle vient de Côte-d'Ivoire, je crois.

LE GÉNIE

Niamké, de Côte-d'Ivoire ! Donc, vous avez suivi la petite nouvelle, appelée Niamké, qui se promenait avec son plat !

NICOLAS, *l'air désabusé.*

Ouais !

LE GÉNIE

Vous l'avez vue le déposer au milieu d'un carrefour à trois voies.

NICOLAS ET VINCENT, *l'air désabusé.*

Ouais !

LE GÉNIE

Vous avez trouvé cela très bizarre !

NICOLAS ET VINCENT, *ironiques.*

Bah ouais !

LE GÉNIE

Et lorsqu'elle est partie, vous vous êtes emparés du plat et vous l'avez caché pour lui faire une bonne blague !

VINCENT ET NICOLAS, *ricanant.*

Ouais !

LE GÉNIE

On ne dit pas « ouais », on dit « oui » ! Eh bien c'est très mal ! Vous venez de commettre une grave erreur ! Un immense sacrilège !

VINCENT

Pourquoi ?

LE GÉNIE

Ce fameux « plat » s'appelle une calebasse ! C'est un plat pour préparer la nourriture, mais aussi pour faire des vœux ! Les sorciers l'utilisent beaucoup en Afrique. En fonction du vœu demandé par l'intéressé, celui-ci met à l'intérieur de la calebasse des ingrédients et le dépose ensuite au milieu d'un carrefour à trois voies. Et le vœu se réalise !

Vincent et Nicolas se regardent, interloqués.

VINCENT

Mais si les voitures tapent dans la... la...

NICOLAS

Calebasse !

VINCENT

...la calebasse, le vœu ne sera pas exaucé !

LE GÉNIE

En Afrique, jamais une voiture ne viendra culbuter une calebasse ! Tout le monde sait ce qu'elle représente. C'est une question de respect ! En France, c'est différent, les gens ne connaissent pas les coutumes.

VINCENT

Alors c'est pour ça que Niamké a choisi ce carrefour où il n'y avait pratiquement pas de circulation ?

NICOLAS

Ouais, sans doute ! Alors génie, tu es là parce qu'on a fait une grosse boulette, c'est ça ?

LE GÉNIE

C'est ça ! Et vous allez immédiatement récupérer cette calebasse, sinon...

NICOLAS

Sinon quoi ?

LE GÉNIE

Je vous transforme en cailloux et vous resterez jusqu'à la fin des temps dans ce terrain vague !

NICOLAS, *ironique.*

En cailloux ?

LE GÉNIE, *avançant rapidement vers Nicolas et criant.*

Je te conseille de mettre ton arrogance de côté, petit ! Ne joue pas avec la force d'un génie, c'est très dangereux !

NICOLAS

D'acc... d'accord !

VINCENT

Mais on ne sait pas où elle se trouve !

NICOLAS

Je t'ai vu la bazarder tout près du terrain vague ! Elle n'est pas loin, en dix secondes tu y es ! Vas-y ! Cours, dépêche-toi !

VINCENT

Cours ! Cours ! Tu pourrais y aller, toi !

NICOLAS

Vincent ! Va chercher cette calebasse ! Magne-toi !

VINCENT

Et si je ne la retrouve pas ?

NICOLAS

Trouve-la !!

Vincent sort en râlant.

LE GÉNIE

Pourquoi avez-vous fait cela ?

NICOLAS

J'en sais rien ! Peut-être pour rire !

LE GÉNIE

Tu la trouves différente de toi, cette petite fille ?

Nicolas regarde intensément le génie, l'air renfrogné. Vincent arrive, essoufflé.

LE GÉNIE

Déjà ?

VINCENT

Je ne l'ai pas trouvée !

NICOLAS

Quoi ? Tu as bien cherché, au moins ?

VINCENT

Je suis retourné à l'endroit où je l'avais jetée, mais elle n'y est plus !

LE GÉNIE

Je vais devoir vous transformer en cailloux !

NICOLAS ET VINCENT

Non !

VINCENT

Pitié ! Laissez-nous une chance !

NICOLAS

On va la retrouver cette satanée calebasse !

LE GÉNIE

En France, il vous sera difficile de trouver une belle calebasse ! Surtout que... Je ne vous laisse qu'une journée pour vos recherches !

NICOLAS

Une journée ? Pourquoi si peu de temps ?

LE GÉNIE

C'est un choix de ma part ! Vous ne méritez pas plus !

VINCENT

Mais on n'y arrivera jamais !

LE GÉNIE

À moins que...

VINCENT ET NICOLAS

Quoi ?

LE GÉNIE

Je peux toujours vous envoyer en Côte-d'Ivoire !

VINCENT ET NICOLAS

En Côte-d'Ivoire ?

LE GÉNIE

Oui ! Ce sera plus facile pour trouver une calebasse !

NICOLAS

Et si on n'en trouve pas là-bas ?

LE GÉNIE, *l'air ennuyé.*

Eh bien je serai obligé de vous transformer en cailloux !

VINCENT

Mais on ne connaît pas la Côte-d'Ivoire !

LE GÉNIE

Eh bien ce sera l'occasion ou jamais de la connaître ! Bien ! Vous êtes prêts pour le grand voyage ?

NICOLAS, *soufflant.*

Ouais !

LE GÉNIE

On ne dit pas « ouais » ! Asseyez-vous ! Fermez les yeux ! Respirez à pleins poumons !

VINCENT

J'ai soif !

LE GÉNIE

Silence ! Croisez vos mains sur votre cou et dites « Hoooooo-oayika-oooo » !

VINCENT ET NICOLAS

« Hoooooo-oayika-oooo » !

Silence. Changement de décor.

NICOLAS

Et après, on fait quoi ? Hé, le génie ?

VINCENT

Je donnerais n'importe quoi pour un verre d'eau fraîche !

NICOLAS

On peut ouvrir les yeux ?

Ils entendent une voix.

CALAO

Tchaman ! Tchaman !

VINCENT

Qu'est-ce que c'est ?

NICOLAS

J'en sais rien !

CALAO

Tchaman ! Tchaman !

VINCENT

Je te propose de ne pas ouvrir les yeux.

NICOLAS

Et après ? On reste là toute notre vie ? Bon, on va compter jusqu'à trois ; à trois on les ouvre, d'accord ?

VINCENT

D'accord !

VINCENT ET NICOLAS

Un, deux...

CALAO

Tchaman !

VINCENT ET NICOLAS

Trois !

Silence.

NICOLAS

Je crois bien qu'on y est.

VINCENT

En Côte-d'Ivoire ?

NICOLAS

Ça ne ressemble pas au terrain vague en tout cas !

CALAO

Tchaman ! Tchaman !

VINCENT

J'ai l'impression de respirer du mouillé ! Bizarre non ? Pas toi ?

NICOLAS

Si ! Il y a drôlement de végétation ! Par où commencer les recherches ?

CALAO

Tchaman ! Tchaman !

VINCENT

C'est quoi ce truc qui braille depuis tout à l'heure ?

NICOLAS

J'en sais rien !

Ils marchent, tâtent le sol, sentent l'air.

NICOLAS, *respirant.*

Ça sent bon ! *(Il s'étire.)* J'en prends plein les poumons ! Ça fait du bien !

VINCENT

Ohé ! Est-ce que quelqu'un peut nous prêter une calebasse ?

NICOLAS

Mais qu'est-ce que tu racontes ? T'es maboule ?

VINCENT

Ça ira plus vite ! N'oublie pas que nous n'avons qu'une journée pour la retrouver !

CALAO

Une journée pour la retrouver ?

NICOLAS

Qui parle ?

CALAO

Qui parle ?

VINCENT

On nous fait une blague !

CALAO

Une blague !

VINCENT

Aha ahah !

CALAO

Aha ahah !

NICOLAS

T'inquiète pas, Vincent ! Ce doit être un vulgaire perroquet qui répète bêtement chaque phrase sans réfléchir !

Apparition de Calao.

CALAO, *indigné.*

Je ne suis pas un perroquet !

VINCENT

T'es qui toi ?

CALAO

Je m'appelle Calao, je suis un calao !

VINCENT

C'est quoi, un calao ?

CALAO

Je suis un grand oiseau des forêts tropicales d'Afrique, au bec énorme, recourbé, surmonté d'une excroissance cornée. Je suis très beau et je…

NICOLAS

Ouais ! C'est bon ! T'es un oiseau, quoi !

CALAO

Pas un oiseau comme les autres ! J'ai toutes les qualités requises qui me différencient des autres espèces volatiles ! J'ai le plus beau plumage d'Afrique. D'ailleurs, j'ai participé à de nombreux concours et…

VINCENT

Tu peux nous aider ?

CALAO

À quoi faire ?

NICOLAS

On recherche une calebasse.

CALAO

Une calebasse ? Pour quoi faire ?

VINCENT

On doit la ramener en France.

CALAO

En France ? Qu'est-ce que tu vas en faire ?

VINCENT

T'es curieux, l'oiseau !

NICOLAS

On te demande de nous aider !

Arrive un vieillard.

CALAO

Tchaman ! Tchaman !

NICOLAS

On peut demander au grand-père !

VINCENT

Bonne idée !

NICOLAS

Hé, grand-père ! Tu sais où est-ce que l'on peut trouver une calebasse ?

Le vieillard continue sa route.

NICOLAS

Hé ! T'es bouché ? *(Il le prend par le bras.)* Tu pourrais répondre quand on te parle, le vieillard !

CALAO

Sacrilège !

LE VIEILLARD, *regardant tranquillement les deux enfants.*

Vous n'êtes pas d'ici, cela se voit ! Vous êtes Européens !

NICOLAS

Qu'est-ce que ça peut te faire ? On veut une calebasse ! C'est tout !

CALAO

Catastrophe !

LE VIEILLARD

Une calebasse ?

NICOLAS

Ouais !

LE VIEILLARD

Apprenez déjà les bonnes manières, ensuite vous trouverez votre calebasse !

NICOLAS

Pour qui est-ce qu'il se prend, ce vioque ?

LE VIEILLARD

Vioque ? Vioque ? *(Il les regarde toujours tranquillement et leur jette une poudre sur le visage.)*

NICOLAS

Aaaaah ! Qu'est-ce qui lui prend ? Il est malade ?

VINCENT

Atchoum ! Ça me pique le nez !

LE VIEILLARD

Méfiez-vous des mots. Ils peuvent parfois brûler comme l'acide ! J'espère que cette poudre nettoiera votre bouche et vos narines et qu'elle purifiera votre esprit.

NICOLAS

Il est maboule !

LE VIEILLARD

Votre quête sera difficile, j'en fais le serment ! À moins que votre esprit change. Dans ce cas, nous nous retrouverons au crépuscule, à la croisée des chemins !

Le vieillard reprend sa route.

NICOLAS, *s'essuyant le visage.*

Oh ! J'ai plein de poudre dans les yeux !

CALAO

C'est bien fait ! Petits malappris ! Inconscients ! Oh ! là ! là ! Qu'est-ce que vous avez dit ! Vous ne trouverez jamais une calebasse si vous vous comportez comme ça…

VINCENT

Pourquoi ?

CALAO

Vous ne connaissez pas le mot « respect » ! Ici, en Afrique, il est intolérable de s'adresser de la sorte à une personne âgée ! On doit respecter l'ancien ! Oh ! là ! là ! Vous n'êtes pas en France ! N'oubliez pas ce mot ! *(Il l'épèle.)* R-E-S-P-E-C-T ! Respect ! C'est une base fondamentale de la vie quotidienne, nul ne saurait…

NICOLAS

D'accord, d'accord ! Tu peux nous aider à trouver une calebasse ?

CALAO

Pourquoi voulez-vous une calebasse?

NICOLAS

On n'a pas le temps de te l'expliquer!

CALAO

Vous pouvez traverser toute la Côte-d'Ivoire, du sud au nord! Peut-être que vous aurez une chance d'en trouver une!

NICOLAS

Traverser la Côte-d'Ivoire?

CALAO

Oui! Il faut savoir qu'à l'endroit où nous sommes, vous êtes au sud, où la végétation est dense...

VINCENT

Comment va-t-on faire?

CALAO, *pompeux.*

...Si vous arrivez au centre de la Côte-d'Ivoire, le sol est du type marécageux! En revanche, au nord, c'est assez désertique...

NICOLAS

On n'aura jamais le temps!

CALAO, *pompeux.*

...oui, le nord c'est le désert; il y a beaucoup de sable! J'espère que vous avez prévu des rechanges pour vous acclimater au climat! Il ne faut pas rire avec la climatologie car...

NICOLAS

Calao! On ne peut pas traverser la Côte-d'Ivoire en une journée!

CALAO

En une journée! Ah! ahhaha! ah! Bien sûr que non! À moins d'avoir de belles ailes comme les miennes, et encore...

VINCENT

On va être transformés en cailloux!

CALAO

Vous pouvez toujours essayer de trouver votre calebasse ici, dans le sud ! Vous n'êtes pas loin d'Abidjan.

VINCENT

C'est quoi Abidjan ?

CALAO

C'est une ville très connue !

NICOLAS

Tu veux bien nous accompagner dans cette ville, Calao ?

CALAO

Vous me promettez de bien vous conduire ?

VINCENT

C'est promis !

CALAO

Bien ! Nous allons passer par là ! En route ! Suivez-moi !

Vincent et Nicolas suivent Calao.

VINCENT

Pourquoi dit-on Côte-d'Ivoire ?

NICOLAS

Peut-être parce qu'il y a une énorme côte tout en ivoire !

VINCENT

Comme la butte du terrain vague ?

NICOLAS

Ouais, mais en mille fois plus grand !

VINCENT

C'est vrai, Calao ?

CALAO

Ignares !

VINCENT

Bah quoi ?

En chemin ils rencontrent un éléphant.

VINCENT

Wouah ! Regarde, un éléphant !

NICOLAS

Il n'a pas l'air dans son assiette !

CALAO

Surtout soyez polis car c'est le roi des animaux !

NICOLAS

Je croyais que c'était le lion le roi des animaux !

CALAO

En Afrique, c'est l'éléphant. Le lion est peut-être fort, mais c'est un paresseux ! Bonjour Votre Altesse !

L'ÉLÉPHANT

Bonjour Calao ! Dites-moi, vous n'auriez pas vu le restant de ma famille, par hasard ?

CALAO

Hélas non, Votre Altesse !

L'ÉLÉPHANT

Cela fait tellement longtemps que je la cherche ! Je suis si vieux, si fatigué ! J'ai parcouru toute la Côte-d'Ivoire, mais en vain...

NICOLAS

Vous finirez par les retrouver !

L'ÉLÉPHANT

Je l'espère, je l'espère ! Bien, bonne route !

VINCENT

Comment t'appelles-tu ?

L'ÉLÉPHANT

Je m'appelle Kakou.

VINCENT

Pourquoi t'appelles-tu Kakou ?

L'ÉLÉPHANT

Parce que je suis né un mercredi !

L'éléphant part.

NICOLAS

T'as vraiment des questions bizarres, toi !

VINCENT

Tu trouves ? Pourquoi est-ce qu'il ne trouve pas sa famille ?

CALAO

Parce qu'elle est morte !

NICOLAS

Quoi ?

CALAO

Jadis, les Européens ont massacré beaucoup d'éléphants, ici, pour récupérer leurs défenses et les vendre : l'ivoire était très recherché !

NICOLAS

C'est dégoûtant !

VINCENT

Alors c'est pour ça que l'on a appelé ce pays Côte d'Ivoire ?

CALAO

Oui ! Vous savez, les éléphants sont plus que centenaires. Depuis ce commerce de l'ivoire, Kakou cherche sa famille. Personne n'ose lui dire la vérité, car sa douleur risque d'être trop grande ! Il pourrait mourir de tristesse...

VINCENT

J'ai soif !

CALAO

Je vais voir si je peux te trouver de l'eau ! Ne bougez pas d'ici !

VINCENT

Merci !

Calao s'en va. Nicolas et Vincent s'allongent, épuisés.

VINCENT

Il est rigolo, cet oiseau !

NICOLAS

Je trouve qu'il parle trop ! Vivement que l'on retrouve cette satanée calebasse, j'ai envie de rentrer chez moi !

Soudain la voix du griot retentit.

LE GRIOT

Amis ! Amis ! J'ai appris récemment une terrible nouvelle !

Des villageois sortent de toute part et forment un demi-cercle autour du griot.

VILLAGEOIS 1

Qu'y a-t-il, le griot ?

LE GRIOT

J'ai appris une nouvelle de la métropole !

VILLAGEOIS 2

Quelle nouvelle ?

LE GRIOT

Quelqu'un a volé une calebasse !

VILLAGEOIS 3

Quoi ? C'est honteux !

VILLAGEOIS 4

Mais où se trouvait-elle ?

LE GRIOT

Sur un carrefour à trois voies !

VILLAGEOIS 5

Quoi ? Sacrilège !

VILLAGEOIS 6

Qui a osé faire ça ?

LE GRIOT

On ne sait pas !

VINCENT

Tu ne trouves pas que ça ressemble à notre histoire ?

NICOLAS

Ouais ! On se casse ?

Ils vont pour s'en aller.

LE GRIOT

Hé ! Vous deux !

NICOLAS ET VINCENT

Qui, nous ?

LE GRIOT

Qui êtes-vous ?

VINCENT

Des passants qui ne font que passer…

VILLAGEOIS 1

D'où venez-vous ?

NICOLAS

Qu'est-ce que ça peut vous faire ?

VILLAGEOIS 3

Comment ? Tu nous parles autrement !

VINCENT

Fais gaffe ! N'oublie pas ce que Calao nous a dit : le respect !

VILLAGEOIS 2

Vous êtes sur notre territoire !

NICOLAS

On s'en va!

VILLAGEOIS 7

Non! Vous ne partirez pas tant que vous ne vous serez pas excusés!

NICOLAS

Excusés de quoi?

VILLAGEOIS 3

« Excusés de quoi? Excusés de quoi? »

LE GRIOT

Vous êtes sur notre territoire et vous nous avez mal parlé!

VILLAGEOIS 5

Excusez-vous!

Les gens et le griot les entourent.

NICOLAS

« Pardon »! Voilà, vous êtes contents?

VILLAGEOIS 4

Insolent!

VILLAGEOIS 2

C'est une honte de s'adresser à des gens de la sorte!

VINCENT

T'es content? Nous voilà dans la panade! Ils ne vont plus nous lâcher!

VILLAGEOIS 5, *montrant Nicolas*

Vous avez vu ses mollets de poulet bicyclette!

Ils rigolent et le montrent du doigt.

VINCENT

Je crois qu'ils se paient ta tête !

NICOLAS

Merci ! J'avais remarqué !

VILLAGEOIS 2

Et ses chevilles de moustique en carême !

Ils rigolent à nouveau.

LE GRIOT

Que faites-vous ici ?

NICOLAS

Nous sommes en quête d'un objet !

VILLAGEOIS 1

Quel objet ?

VINCENT

On ne peux pas vous le dire. C'est un secret !

VILLAGEOIS 4

Un secret ?

NICOLAS

Nous avons une journée pour le retrouver !

LE GRIOT

Si vous cherchez un objet qui est un secret, seul Kodjo peut vous aider !

VINCENT

Kodjo ?

LE GRIOT

Mais Kodjo n'aide que les gens qui le méritent.

VILLAGEOIS 4

Avec votre insolence, vous ne risquez pas de le rencontrer !

LE GRIOT

Allez, partez maintenant !

VILLAGEOIS 5

Oui, partez avant que je vous mette un cocota sucré dont vous vous souviendrez !

Les villageois et le griot partent en riant.

VINCENT

C'est quoi un « cocota sucré » ?

NICOLAS

J'en sais rien ! Il faut trouver ce Kodjo ! Il ne doit plus nous rester beaucoup de temps ! Mais où se trouve Calao, bon sang ?

VINCENT

Calao ! Où es-tu ?

Arrivée du génie.

LE GÉNIE

Alors, vous avez trouvé la calebasse ?

NICOLAS

Pas encore !

LE GÉNIE

Le temps passe, les heures tournent ! Il vous reste peu de temps ! Faites vite !

NICOLAS

Il faut que l'on trouve un certain Kodjo ! Si vous croyez que c'est facile ! J'en ai marre ! Je suis fatigué, je veux rentrer chez moi !

LE GÉNIE

Alors ? On est au bord de la crise de nerfs ?

VINCENT

Génie, c'est quoi un griot ?

LE GÉNIE

C'est celui qui apporte les nouvelles de village en village.

VINCENT

Et c'est quoi un « cocota sucré » ?

Le génie ferme son poing, souffle dessus et donne un petit coup en forme de virgule sur le front de Vincent.

VINCENT

Aïe !

LE GÉNIE

« Cocota sucré » !

Le génie disparaît. Arrivée de Calao.

NICOLAS

Où est-ce que tu étais ?

CALAO

Je suis allé chercher de l'eau et comme j'avais un peu de temps, j'en ai profité pour aller chez le coiffeur me faire lisser les plumes !

VINCENT ET NICOLAS

Quoi ?

CALAO

Il faut que je préserve mon plumage ! Tenez, voici de l'eau !

Nicolas et Vincent boivent goulûment.

VINCENT

Ça fait du bien !

CALAO

Allons, dépêchons, nous sommes encore loin d'Abidjan !

NICOLAS

Qui est Kodjo ?

CALAO

C'est un grand sage ! Certainement le plus grand dans le monde des Hommes ! Il est tout le temps sollicité pour donner de grands conseils.

VINCENT

À quoi ressemble-t-il ?

CALAO

Je ne sais pas, je ne l'ai jamais vu.

VINCENT

Où pouvons-nous le trouver ?

CALAO

Je ne sais pas !

NICOLAS

Mettons-nous en route. Peut-être que nous le croiserons sur notre chemin. Qu'est-ce qui nous a pris de voler cette calebasse ?

VINCENT

Calao ! Tu peux nous chanter une chanson ? Ça nous fera passer le temps en marchant !

Calao chante, les enfants marchent.

VINCENT

Calao, tu peux te taire s'il te plait ? j'ai mal au crâne !

Arrivée d'un margouillat, sorte de petit lézard.

LE MARGOUILLAT

Bonjour tout le monde !

VINCENT

Bonjour !

NICOLAS
Qu'est-ce que c'est ?

CALAO
C'est un margouillat, une sorte de lézard.

NICOLAS
Pourquoi est-ce qu'il a la tête rouge ?

CALAO
Parce que c'est un mâle.

VINCENT
Où vas-tu ?

LE MARGOUILLAT
Je rentre chez moi !

NICOLAS
Tu ne sais pas où je pourrai trouver Kodjo ?

LE MARGOUILLAT, *faisant un signe d'approbation avec sa tête.*
Non !

VINCENT
Non ? Pourquoi tu dis « oui » avec ta tête, alors ?

LE MARGOUILLAT
Je ne dis pas « oui », je dis « non » ! *(Toujours le même signe de tête.)*

NICOLAS
Il se moque de nous !

VINCENT
Tu te moques de moi ?

LE MARGOUILLAT, *faisant oui de la tête.*
Non !

CALAO
Il ne se moque pas de toi, c'est un tic qu'a le margouillat. Il dit toujours « oui » avec la tête même quand il pense « non » !

LE MARGOUILLAT

Ne cherche pas à trouver Kodjo ! C'est lui qui te trouvera et ce jour-là, ne t'attend pas à ce qu'il te parle des heures ! C'est un sage très pressé !

VINCENT

On peut attendre combien de temps avant de le rencontrer ?

LE MARGOUILLAT

Certains attendent toute leur vie ! Il faut le mériter !

NICOLAS

Comment savoir si on le mérite ?

LE MARGOUILLAT

C'est simple : trouvez une amaryllis et posez-lui la question ! Elle seule pourra vous répondre.

VINCENT

C'est quoi, une amaryllis ?

LE MARGOUILLAT

Demandez-le au calao !

VINCENT

Tu t'en vas ?

LE MARGOUILLAT

Oui, il commence à se faire tard !

VINCENT

Hé ! Le margouillat ! Comment t'appelles-tu ?

LE MARGOUILLAT

Je m'appelle Yao !

VINCENT

Tu es né quel jour de la semaine ?

LE MARGOUILLAT

Un jeudi ! Au revoir et bonne chance !

Le margouillat s'en va. Nicolas et Vincent se tournent vers Calao.

CALAO

L'amaryllis est une plante bulbeuse ornementale, dont il existe de nombreuses espèces, aux fleurs éclatantes et odorantes...

NICOLAS

On doit rencontrer une fleur, la belle histoire !

VINCENT

Il commence à faire nuit. Je suis épuisé ! On peut faire une petite pause ?

CALAO

Tchaman ! Tchaman !

VINCENT

Mais pourquoi est-ce que tu dis toujours « Tchaman » ?

CALAO

C'est pour la mémoire !

NICOLAS

Quoi ?

CALAO

Tchaman est le premier groupe ethnique de Côte-d'Ivoire. Tchaman veut dire « Ceux qui ont été élus ». Lorsque je le prononce, j'ai l'impression de perpétuer leur histoire ! Mon père l'a fait, mon grand-père l'a fait, mon arrière, arrière, arrière-grand-père, etc. l'ont perpétué et mes enfants le feront aussi !

VINCENT

Qu'est-ce que tu as, Nicolas ?

NICOLAS

Rien.

VINCENT

Mais tu pleures ?

NICOLAS

Non, je ne pleure pas ! Laisse-moi tranquille !

VINCENT, *à Calao.*

C'est la première fois que je vois Nicolas pleurer! Ça me fait bizarre!

CALAO

Les nerfs lâchent parfois.

NICOLAS

Je n'aurais jamais dû faire de bêtises! Jamais! Je regrette le mal que j'ai fait à tout le monde! Pardon à tous les enfants! Pardon!

Il enfouit sa tête dans ses bras et pleure.

Quand je pense que nous allons bientôt être transformés en cailloux...

AMARYLLIS

En cailloux?

NICOLAS

Pauvre Vincent! Tu as déjà oublié le sort que nous réserve le génie?

VINCENT

Mais je n'ai rien dit! C'est la fleur qui a parlé!

AMARYLLIS

Bonsoir!

CALAO, *leur faisant signe.*

Pssst! Plante bulbeuse, ornementale, tatati tatata...

VINCENT

Tu es une amaryllis?

AMARYLLIS

Oui.

Vincent et Nicolas se regardent.

VINCENT

Avons-nous le mérite de rencontrer Kodjo, belle amaryllis?

AMARYLLIS

Seul le souffle de vos mots me le dira. Il vous suffit de prononcer cette phrase :
« Miracle mage tonne clip aume clap ». Si mes pétales s'ouvrent, alors vous pourrez rencontrer Kodjo !

Les enfants prononcent la phrase sur les pétales de l'amaryllis et en quelques secondes la fleur s'ouvre. À cet instant arrive le vieillard qu'ils ont rencontré dès leur arrivée en Côte-d'Ivoire.

KODJO

Votre esprit a changé, puisque nous nous trouvons au crépuscule à la croisée des chemins !

NICOLAS ET VINCENT

Kodjo ?

NICOLAS

Kodjo, excusez-moi pour mon comportement... Je...

KODJO

Chuuuut ! Vous ne trouverez pas votre calebasse sur la terre, mais dans la mer !

VINCENT, *blême.*

Pourquoi dans la mer ?

KODJO

« Tout objet égaré sur terre se trouve dans la mer ! » Les marins ne trouvent-ils pas des trésors au fond de l'eau ? « Toutes rimes manquant aux vers se trouvent au bord de la mer ! » Les poètes ne s'inspirent-ils pas du chant de l'eau ? Rencontrez Mami Wata et vous serez arrivés au bout de votre quête ! *(Il regarde Nicolas.)* Ça ne sera pas facile ! Bonne chance !

VINCENT

Pourquoi t'appelles-tu Kodjo ?

KODJO

Parce que je suis né un lundi !

Kodjo s'en va.

NICOLAS

T'en as pas marre de leur poser tout le temps cette question? Je te demande, moi, pourquoi tu t'appelles Vincent?

VINCENT

Je m'appelle Vincent parce que mon père adore le peintre Vincent Van Gogh!

NICOLAS

Ouais! T'as de la chance sur cette réponse-là!

CALAO

Vous avez surtout de la chance de l'avoir rencontré! Quand je pense que vous lui avez manqué de respect! Mais il vous a pardonné. Vous avez sans doute beaucoup appris pendant cette aventure… Je dis toujours : « les gens ne savent pas… »

NICOLAS

Calao, qui est Mami Wata?

CALAO

C'est la déesse de la mer. La légende dit que c'est une très belle femme aux longs cheveux bleus!

VINCENT

Il faut aller vers la mer!

CALAO

En ce qui me concerne, je vous quitte ici, les enfants : je n'ai pas le droit de voir la déesse! Cette quête n'est pas la mienne!

NICOLAS

Au revoir Calao et merci pour ton aide!

CALAO

De rien! Et pourquoi donc vous fallait-il une calebasse?

NICOLAS

Si tu rencontres le griot, il te le dira! Mais sache qu'on regrette notre bêtise!

VINCENT, *le caressant.*

Au revoir !

CALAO

Hé ! N'ébouriffe pas mes belles plumes ! Au revoir ! Tchaman ! Tchaman !

Calao s'envole.

NICOLAS

Allons trouver Mami Wata !

Vincent et Nicolas partent à la recherche de Mami Wata ; ils arrivent au bord de la mer.

VINCENT

Mami Wata ? Mami Wata ?

LES VOIX DE LA MER

Dis-moi ton nom,
Dis-moi le secret des lagunes.

NICOLAS

Qui parle ?

VINCENT

Ça vient de la mer !

LES VOIX DE LA MER

Ô nuit bleue du crépuscule,
Frôle la terre de ton regard,
Cherche le vent,
Demande-lui si son souffle
Caresse encore
Le bleu de ses cheveux.

VINCENT

Mami Wata ?

LES VOIX DE LA MER

Vagues bleues, luisantes au crépuscule,
La Lune se mire au bord de l'eau.

Mami Wata apparaît hors de l'eau.

VINCENT

Regarde ! C'est elle !

NICOLAS

Elle est belle !

LES VOIX DE LA MER

Beauté de l'eau, beauté des fonds,
Immense et belle, elle caresse de ses longs cheveux bleus
Le bord des lagunes.

Elle leur montre la calebasse et leur fait signe de venir la chercher.

VINCENT

Elle veut qu'on aille chercher la calebasse !

NICOLAS

Je ne sais pas nager !

VINCENT

Tu ne sais pas nager ?

LES VOIX DE LA MER

Mami Wata, mère des eaux, femme, amour, amie,
Tu t'endors au bord des lagunes.

VINCENT

Il faut y aller, Nicolas ! Jette-toi à l'eau !

NICOLAS

J'ai peur ! J'ai peur !

VINCENT

Je crois que tu n'as rien à craindre ! Mami Wata, c'est la mer, tu ne pourras pas te noyer ! Allez, saute, c'est notre dernier effort !

Nicolas et Vincent plongent dans la mer, rejoignent Mami Wata, prennent la calebasse et retournent au bord. Elle les regarde et disparaît dans les vagues.

LES VOIX DE LA MER

Ta voix douce et lyrique,
Chuchotée au creux des ondes,
Caresse le visage de l'Afrique,
Où seul ton amour abonde.

NICOLAS

Merci Mami Wata !

VINCENT

Merci ! On a la calebasse, c'est la même que celle de Niamké !

NICOLAS

Elle est vraiment belle !

VINCENT

Tu as vu, elle a la même couleur de peau que Niamké ! Ça veut dire que Niamké est aussi une déesse ?

NICOLAS

T'en as pas marre de poser des questions ?

VINCENT

Comment est-ce qu'on rentre maintenant ?

Apparition du génie.

LE GÉNIE

Par ici la sortie !

VINCENTET NICOLAS

Génie !

Vincent et Nicolas suivent le génie tout en lui racontant leur périple. Ils disparaissent. Changement de décor. Réapparition des enfants sur le terrain vague, ils continuent leur histoire.

VINCENT

…et Mami Wata est sortie de l'eau !

LE GÉNIE

Et maintenant que vous avez votre calebasse, qu'est-ce que vous allez en faire ?

NICOLAS

Je crois qu'on devrait la rendre à Niamké et lui dire la vérité.

VINCENT

On ne va jamais la trouver !

Le génie sourit, se décale et derrière lui apparaît Niamké. Il disparaît.

VINCENT

Niamké ? Euh... Niamké, c'est nous qui avions volé ta calebasse. On est désolés ! Pardon !

NICOLAS, *bafouillant.*

On voulait te faire une blague ! C'était une mauvaise blague, c'est vrai ! On n'aurait jamais dû te rejeter ! On a mal agi... tiens, voici ta calebasse !

Niamké prend la calebasse et ne dit rien.

NICOLAS

Je comprends que tu sois en colère ! Excuse-nous !

Silence.

VINCENT ET NICOLAS

Pardon !

NIAMKÉ

Je vous pardonne, puisque vous présentez vos excuses ! Mais sachez que vous m'avez fait beaucoup de peine !

NICOLAS, *baissant les yeux.*

Oui, on sait...

VINCENT

C'était quoi ton vœu ?

NICOLAS

Arrête de poser des questions comme ça !

NIAMKÉ

Mon vœu était de me faire des amis dans la classe !

Silence.

VINCENT

Alors, tu as devant toi deux amis !

Silence.

NICOLAS

Tu veux qu'on te raccompagne chez toi ?

NIAMKÉ, *les regardant et esquissant un sourire.*

Oui ! je veux bien, comme ça je vous offrirai un verre de jus de fruits !

NICOLAS ET VINCENT

Sans façon !

NICOLAS

Enfin... Euh... de l'eau fraîche, ce sera très bien ! On est un peu barbouillés, pas vrai ?

VINCENT

Oui, oui !

Ils se sourient et partent ensemble.

VINCENT

Ça veut dire quoi : « tes mollets de poulet bicyclette » ?

NIAMKÉ

Ça veut dire que tu as des mollets très fins comme ceux d'un poulet !

VINCENT

Ah ah ! Pauvre Nicolas !

NICOLAS

Bon ça va !

VINCENT

Et : « tes chevilles de moustique en carême » ?

NIAMKÉ

C'est pareil ! Ça veut dire que tu as de petites chevilles !

VINCENT

Aah ! ahha ! Nicolas !

NIAMKÉ

Mais comment sais-tu ça ?

VINCENT

Je te l'expliquerai ! Ça veut dire quoi, Niamké ?

NICOLAS

Mais t'es fatigant avec tes questions !

NIAMKÉ

Ça veut dire le huitième enfant !

NICOLAS

En Côte-d'Ivoire, certains portent comme prénom le jour de la semaine !

NIAMKÉ

Oui, c'est vrai !

VINCENT

T'as déjà vu un calao ?

NIAMKÉ

Bien sûr ! il y en a en Côte-d'Ivoire !

VINCENT

Tu sais pourquoi je m'appelle Vincent ?

NIAMKÉ

Non.

NICOLAS

Oh ! c'est pas vrai !

VINCENT

Eh bien c'est à cause de mon père : il adore le peintre Vincent Van gogh et...

Ils disparaissent du terrain vague.

Rideau

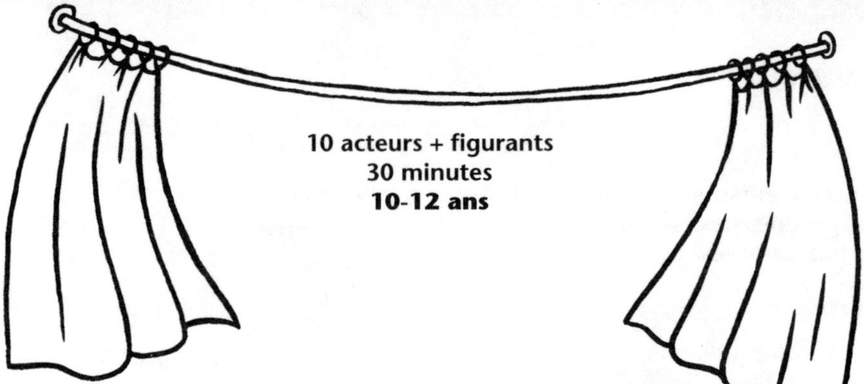

10 acteurs + figurants
30 minutes
10-12 ans

La poudre aux yeux

de

Lalie Walker

Pays : Inde du Nord

Dans un village reculé de l'Inde du Nord, en pleine montagne, Asura, un riche marchand, veut répudier sa femme, Mira, parce qu'elle ne peut pas avoir d'enfants. Un soir, tous les enfants du village se réunissent pour trouver une solution afin d'empêcher le départ de Mira, leur maîtresse. Ils décident de demander l'aide au dieu à tête d'éléphant, Ganésha, protecteur des Lettres. Ganésha et son ami Chakor, l'oiseau légendaire, vont utiliser leurs pouvoirs magiques pour aider les enfants.

Remarques

La poudre aux yeux met en scène l'un des dieux les plus populaires d'Inde : Ganésha, le dieu éléphant (animal symbole de la sagesse), protecteur des faibles.

Ganésha est représenté sous la forme d'un corps d'homme avec une tête d'éléphant. C'est un dieu espiègle qui porte un cobra autour de sa taille et un bol de gâteaux de riz toujours suspendu à sa trompe. Représenté avec une main levée en signe de courage, il est le patron des Lettres et de l'apprentissage. La défense brisée qu'il tient dans l'autre main fut utilisée pour écrire les derniers chapitres du Mahâbhârata. Sa monture est un rat.

L'aspect mythologique du conte et la présence conjointe de dieux et d'humains nécessite un jeu très enlevé, très dynamique avec un engagement corporel poussé ainsi que des gestes assurés et précis.

Personnages

- **Benji** : garçon impatient, meneur.
- **Indrajit** : garçon rêveur, tête en l'air.
- **Chunda** : le sage.
- **Yamini** : jeune fille impulsive.
- **Soroya** : la timide.
- **Malvani** : jeune fille artiste.
- **Asura** : le marchand.
- **Mira** : la femme d'Asura, institutrice.
- **Chakor** : l'oiseau légendaire, il ressemble à un faisan.
- **Ganésha** : le dieu éléphant.

D'autres enfants peuvent se joindre aux groupes des filles et des garçons, surtout pour les danses.

Décor

- Un village indien.
- Un espace indiqué de façon claire doit représenter la grange où se réunissent les enfants. Le reste du village peut être stylisé, en insistant sur le lieu d'habitation d'Asura, le marchand.

Pour la construction du décor, il est impératif de se documenter sur les coutumes de la vie quotidienne de l'Inde du Nord car il est nécessaire de ne pas faire de contresens. Les matériaux utilisés seront choisis en fonction du temps et des moyens financiers attribués au spectacle.
Une réalisation comme celle-ci peut parfaitement s'inscrire dans un projet d'école et mobiliser celle-ci une année entière.

Costumes

- Les enfants seront habillés à l'indienne : saris, pantalons amples et colorés, chemises blanches, fleurs dans les cheveux... Là aussi, une recherche iconographique est nécessaire. On peut fabriquer de beaux costumes sans grands frais. Mais il faut respecter les traditions vestimentaires des personnages interprétés.
- La trompe de Ganésha peut être réalisée simplement à l'aide d'un « tube » de mousse, agrafé ou cousu au masque.

Accessoires

- Bijoux
- Sachet de poudre
- Tissus
- Une jarre
- Baluchon
- Tambours
- Clochettes
- Guirlandes de fleurs
- Plats
- Riz
- Bâtons d'encens

Glossaire

Cardamone : épice indienne dont les graines ont un goût poivré.
Mandala : dessin méditatif en forme de cercle dont les quatre parties représentent le même motif.
Un mandala représente symboliquement l'univers. Il est utilisé dans les traditions hindouistes et bouddhistes comme support de méditation. Il est peint sur papier ou sur tissu, gravé dans le bois ou le bronze, ou encore dessiné sur le sol avec des poudres colorées ou des fils.
Vishnou : dieu de l'Inde.
Karma : dogme central, croyance fondamentale de la religion hindouiste selon laquelle toute action, toute intention est inscrite dans le destin des êtres vivants (sorte de prédestination).
L'éléphant blanc : il fait partie des contes et légendes de l'Inde. Il serait doué de la capacité de choisir entre deux situations et de savoir laquelle est la bonne ; il est une sorte d'arbitre infaillible.

À noter

La réussite du spectacle tient, en partie, dans le personnage de Ganésha. Il nous paraît important de porter une attention particulière, outre le jeu, à son costume et ses accessoires. Il doit être crédible et étrange à la fois.

Assis en cercle, les enfants du village de Lagun, perché en haut d'une montagne et où vivent ensemble bouddhistes et hindouistes, se sont réunis en cachette dans une vieille grange. Ils veulent empêcher le départ de leur maîtresse, Mira, épouse d'un riche marchand, le cruel Asura.

BENJI

Alors, qui a une idée ?

MALVANI

J'ai dessiné un mandala et Soroya a fait une offrande. Mais ça n'a pas marché…

INDRAJIT, *gentil.*

Tu n'es pas encore assez forte, c'est tout.

BENJI

Il faut trouver une solution, sinon demain, à cause de ce gros porc d'Asura, on va perdre notre maîtresse !

YAMINI

Benji ! C'est pas en l'insultant qu'on va trouver la solution.

CHUNDA

Chuutt ! Vous parlez trop fort. Si les parents nous entendent, on peut dire adieu à nos projets.

BENJI

Alors, qui a une idée ? Il doit bien y avoir un moyen de faire quelque chose…

SOROYA

Le problème, c'est que le marchand Asura, il est très riche.

BENJI

Et alors ?

YAMINI

Et alors, on sait bien que les riches gagnent tout le temps.

Texte de **Lalie Walker**, *Contes du monde au théâtre.*

MALVANI

C'est faux. Je connais plein d'histoires où les riches ne gagnent pas.

INDRAJIT

Pourquoi le marchand Asura fait-il ça ? Elle est gentille Mira, non ?

SOROYA

C'est parce que... Parce qu'elle n'arrive pas à faire un bébé.

INDRAJIT, *étonné.*

Ah ? Et alors ?

BENJI

T'as la cervelle molle comme du beurre, ou quoi ?

YAMINI

Benji !

BENJI

Pardon, je suis énervé contre Asura.

YAMINI

C'est pas une raison. (*À Indrajit.*) Le marchand Asura veut un fils, et Mira, elle n'arrive pas à en faire.

INDRAJIT

C'est un idiot, ce marchand ! Il n'a qu'à en acheter un, avec tout son argent...

CHUNDA

Indrajit, les enfants, ça ne s'achète pas comme une poignée de riz.

BENJI

Assez bavardé ! Nous n'avons pas beaucoup de temps.

INDRAJIT

On n'a qu'à enlever le marchand cette nuit et le faire tomber du haut de la montagne.

YAMINI

Indrajit ! Tu dis n'importe quoi !

INDRAJIT, *vexé.*

Au moins, je donne des idées.

YAMINI

Excuse-moi, je ne voulais pas te faire de peine.

BENJI, *abattu.*

On n'y arrivera jamais comme ça.

SOROYA

Et si on disait qu'on s'en va tous avec la maîtresse ? Nos parents, ils feraient bien quelque chose, non ?

BENJI

Ils nous empêcheraient de partir, on se ferait peut-être même punir… Non, ça ne va pas non plus.

CHUNDA

J'ai trouvé !

Les autres se taisent, attendant qu'il parle.

BENJI, *s'impatientant.*

T'as trouvé quoi, Chunda ?

CHUNDA

La solution.

BENJI

Vas-y, raconte !

Chunda reste silencieux.

YAMINI, *suppliante.*

Chunda, dis-nous vite à quoi tu penses !

CHUNDA

À Ganésha.

Plusieurs enfants se mettent à rire, à taper dans les mains, d'autres à dire : Quoi ? Qui ?

BENJI

Ganésha ? Mais explique, Chunda, le temps presse.

CHUNDA

Il faut implorer l'aide de Ganésha.

MALVANI

Chunda a raison. Ganésha, c'est la bonne solution.

INDRAJIT

Et pourquoi Ganésha il voudrait nous aider ? On ne dérange pas les dieux comme ça, non ?

CHUNDA

Parce que c'est le protecteur des faibles et des Lettres, alors ça doit aussi marcher pour l'école.

MALVANI

Moi, je suis d'accord.

SOROYA

Oui, mais comment fait-on pour demander à Ganésha ?

Ils réfléchissent en silence. Il y a comme une petite musique douce dans l'air. Dans un coin, on aperçoit Ganésha qui sourit.

CHUNDA

Il faut faire une offrande.

BENJI

D'accord, mais avec quoi ? Moi, je gagne à peine trois ou cinq roupies en vendant des mangues.

YAMINI

Moi, c'est pas mieux avec la cueillette de cardamone…

INDRAJIT

Et puis que vont dire les parents ? Vous y avez pensé, aux parents ?

CHUNDA

Demandons-leur de nous aider.

BENJI

Moi, les miens, ils sont trop pauvres. Mon père, il doit même vendre nos chèvres… Il va dans la vallée demain, pour ça.

SOROYA

Moi, je peux demander quelques roupies, mais ça suffira pas…

BENJI, *soupirant.*

On n'y arrivera jamais.

MALVANI

J'ai une idée. Disons aux parents que nous faisons une fête, un spectacle, avec une offrande pour Ganésha.

INDRAJIT

Et pourquoi ça marcherait ?

BENJI, *enthousiaste.*

Ils ne pourront jamais nous refuser ça ! Ganésha, c'est aussi le dieu de la protection…

GANÉSHA, *en aparté.*

Je crois bien que ces enfants ont besoin d'aide. Et leurs parents sont bien trop pauvres pour perdre des roupies en offrande. (*Il s'avance vers les enfants qui poussent des petits cris de joie et de surprise, se lèvent pour former une haie autour de lui.*) Alors, les enfants, que se passe-t-il ?

Ils se mettent tous à lui expliquer leur problème. Ganésha n'y comprend rien.

GANÉSHA, *remuant sa trompe.*

Doucement ! Pas tous à la fois. (*Il montre Chunda du doigt.*) Toi, explique-moi ça tranquillement.

CHUNDA

Le gros marchand Asura veut répudier sa femme, et nous, on n'est pas d'accord.

Ganésha

Il doit bien avoir une raison pour faire ça, non ?

Chunda

Il dit qu'elle ne peut pas avoir d'enfant, que c'est une mauvaise femme. Mais nous, on sait bien qu'elle est gentille, Mira…

Benji, *lui coupant la parole.*

Et puis, Asura, c'est un porc : il ne pense qu'à manger, à faire la sieste, et à dire des méchancetés sur les voisins.

Indrajit

C'est vrai, il a raison Benji ! En plus, Asura, il passe son temps à se regarder dans un miroir, à jouer aux dés, ou à prendre l'argent des parents.

Soroya, *intimidée devant Ganésha.*

Mais le plus grave, Seigneur Ganésha, c'est que si Mira est répudiée, nous n'aurons plus de maîtresse.

Indrajit

Et ça, ça, c'est vraiment pas juste !

Ganésha

Mais, les enfants, il viendra bien une autre maîtresse, non ?

BENJI

Non. Les parents ont dit que non. Parce que c'est bientôt l'hiver et que personne ne voudra venir vivre ici.

MALVANI

Et puis, on l'aime beaucoup, Mira, elle nous apprend bien les choses. À moi, elle m'apprend à dessiner des mandalas.

Ganésha secoue sa trompe, rajuste son cobra qui lui sert de ceinture, mange un petit gâteau de riz et marche de long en large. Les enfants le suivent en silence.

GANÉSHA, *s'arrêtant, les enfants aussi.*

Le problème, c'est que le marchand a le droit de répudier sa femme. Ça, nous n'y pouvons rien. (*Il reprend sa marche, les enfants aussi.*)

INDRAJIT, *à Benji.*

C'est drôle, je le voyais plus grand, moi, Ganésha.

YAMINI, *à voix basse.*

Tu crois que je peux lui demander pour ma bicyclette ?

BENJI

Chuutt ! Taisez-vous ! Il pourrait vous entendre et se fâcher, et nous abandonner. On n'aurait pas l'air malin !

GANÉSHA, *les entendant et souriant. Il s'arrête à nouveau.*

Le marchand Asura est un homme cupide et stupide. (*Il se tourne vers les enfants.*) Pourquoi Asura est-il si méchant ?

SOROYA, *timidement.*

Parce qu'il est riche ?

BENJI, *lui tapant sur le bras.*

Tu dis n'importe quoi !

GANÉSHA

Alors, dis-nous, toi, pourquoi il est méchant ?

BENJI, *gêné, tripotant la manche de sa chemise.*

Heu... Parce qu'il... Parce qu'il est né comme ça ?

GANÉSHA, *se tapant sur les cuisses, en riant.*

Par le dieu du Vent ! Alors, maintenant, on naîtrait méchant ?

CHUNDA

Il est méchant parce qu'il s'ennuie et que personne ne l'aime.

GANÉSHA, *se remettant à marcher.*

Et pourquoi personne n'aime Asura ?

INDRAJIT

C'est parce qu'il est méchant !

BENJI, *à voix basse.*

Idiot ! Ça, on le sait déjà.

MALVANI

C'est à cause de son argent. Il vend tout très cher : le riz, les mangues, les épices et le thé...

YAMINI

Et puis, ici, presque tout est à lui : les champs, les maisons... Et nos parents, le peu de roupies qu'ils ont, ils doivent les donner à Asura.

GANÉSHA

Bon, les enfants, vous allez rentrer chez vous. Je vais m'occuper du marchand Asura. Allez, filez vite avant qu'on découvre que vous êtes ici.

Ils partent tous en courant. Ganésha reste seul.

GANÉSHA

Chakor ? Chakor, est-ce que tu m'entends ?

CHAKOR, *arrive en voletant.*

Je te salue, ô Seigneur Ganésha.

GANÉSHA

Chakor, mon ami, nous avons un problème.

CHAKOR

Je sais, j'ai entendu, je me promenais non loin d'ici, et ce soir le vent est fort.

GANÉSHA, *contrarié.*

Et les parents, ils ont entendu ?

CHAKOR

Non, les parents doivent être sourds, ou bien si fatigués par leur journée aux champs qu'ils dorment depuis longtemps.

GANÉSHA, *rassuré.*

Bien, bien, bien. Voilà ce que nous allons faire, mon ami. Nous allons demander à l'éléphant blanc de choisir, entre Mira la douce et le méchant Asura, qui des deux doit partir du village.

CHAKOR, *riant.*

Mais, Seigneur Ganésha, où vas-tu trouver un éléphant blanc dans ces montagnes ?

GANÉSHA

Ah, oui ! C'est vrai, tu as raison, mon ami. Je me laisse emporter. Je pourrais créer une illusion… Non, non et non. Il faut donner une bonne leçon à ce marchand !

CHAKOR

Je pourrais survoler sa maison à la vitesse de l'éclair, alors elle s'effondrerait…

GANÉSHA, *secouant sa trompe.*

Trop dangereux, le village est en pente, et puis, mon ami, pense à la douce Mira.

CHAKOR

Allons chez ce marchand pendant qu'il dort et jouons avec ses rêves.

GANÉSHA

Ça, c'est une idée divine, Chakor !

Ils entrent dans la maison du marchand Asura qui dort sur le dos, les mains pleines de bagues posées sur son gros ventre, vêtu d'un riche sari. Ganésha et Chakor s'approchent du lit.

GANÉSHA

Il est plus gros qu'un buffle !

CHAKOR

Et plus vorace qu'un chacal. Regarde, il dort avec tous ses bijoux!

GANÉSHA

Écoute! Écoute : il parle en dormant.

ASURA, *s'agitant.*

Laissez-moi! Laissez-moi! Au voleur! Tous des voleurs! À l'aide...

Chakor lui frôle le visage avec ses ailes. Asura se frotte le visage, comme pour chasser une invisible présence.

GANÉSHA

J'ai une idée, nous allons rendre invisibles à ses yeux toutes les affaires de ce marchand de malheur. Et tout le village. Ainsi, Asura croira qu'il a tout perdu...

CHAKOR

Je vois où tu veux en venir, Seigneur Ganésha. Il va prier, supplier, et alors les enfants obtiendront ce qu'ils veulent.

Ganésha soulève sa trompe, sort un petit sachet de poudre argentée qu'il répand sur le visage et les yeux du marchand. Chakor lui chatouille la plante des pieds. Ganésha prononce une formule magique incompréhensible. Puis les dieux s'en vont, juste avant le lever du jour.

ASURA, *se réveillant.*

Ha! Les dieux m'ont empêché de dormir cette nuit! (*Il se lève, se frotte vigoureusement les yeux.*) Mais... Mira! Mira où es-tu?

MIRA, *l'air triste, portant une jarre pleine d'eau.*

Ici ! Je prépare du thé et des galettes avant...

ASURA, *paniqué.*

Il y a plus urgent! Mira, ne vois-tu pas ce que je vois?

MIRA

Que vois-tu, Asura?

ASURA

Mais je ne vois rien ! Rien du tout ! Où sont passées mes affaires ? Mes tissus, mes saris, mes bijoux ?

MIRA, *surprise.*

Asura, il me semble que…

Effrayé, Asura sort en courant dans la rue. Mira pose sa jarre, fait bouillir de l'eau et prépare son baluchon pour partir. On entend les cris d'Asura. On le voit courir comme un fou, avec les enfants qui le suivent, se moquent de lui.

ASURA

Mais que se passe-t-il ? Quel mauvais tour les dieux me jouent-ils ? (*Il s'approche de Benji.*) Où sont passées mes affaires ? Ma boutique ? Mes marchandises ?

BENJI, *haussant les épaules.*

Elles sont là où elles étaient hier.

ASURA

Ne te moque pas de moi, Benji ! Je vois bien que je ne vois rien !

INDRAJIT, *étonné.*

Mais si vous ne voyez pas, comment vous pouvez voir ?

Tous les enfants éclatent de rire.

ASURA, *en colère.*

Insolent ! (*Effraye.*) Que Vishnou me vienne en aide ! Qu'avez-vous fait de mes biens ? (*Il hurle.*) Dix roupies à celui qui m'amène le coupable !

CHUNDA

Le coupable de quoi ?

ASURA

Ha ! Te moquerais-tu aussi ? Mira ? Mira, viens ici ! Ces enfants vont me rendre chèvre.

Mira approche, son baluchon à la main. Les enfants se regroupent, inquiets.

ASURA

Mira ? Mais enfin, où vas-tu ? Ce n'est vraiment pas le moment de partir, il faut retrouver mes affaires.

MIRA

Je vais là où mon mari m'a chassée. Et quelles affaires, Asura ? Je ne comprends pas.

ASURA, *en colère.*

Mais toutes mes affaires ! Ha ! Je ferai rôtir les voleurs !

Les enfants tapent sur des tambours, agitent des clochettes, tournent en rond autour du marchand qui a le vertige. Mira s'éloigne.

GANÉSHA, *s'approchant d'elle.*

Ô douce Mira, ne pars pas tout de suite.

MIRA, *s'inclinant respectueusement.*

Seigneur Ganésha, qu'arrive-t-il à mon mari ? Est-il fou ?

ASURA, *désespéré, hurle.*

Douze roupies à qui me ramène le voleur !

Les enfants continuent à tourner et à jouer de la musique. À chanter en se moquant du marchand.

GANÉSHA

C'est un jeu, une illusion.

MIRA

Le pauvre homme !

CHAKOR, *se posant à côté de Ganésha.*

Tu es trop bonne, Mira. Ton mari se comporte mal, te répudie, et toi, tu le plains !

MIRA, *triste.*

Je n'arrive pas à lui donner un fils.

ASURA, *hurlant.*

Mira ! Mira, reviens ici ! Ces enfants me rendent fou ! Quatorze roupies à celui... *(Il se laisse tomber par terre.)*

GANÉSHA

Ton mari a besoin d'une leçon. Et il m'a offensé. Il met une statue de Ganésha devant la porte de sa maison, mais il chasse la seule maîtresse du village!

MIRA

Seigneur Ganésha, j'ignore quel sort tu as jeté à mon mari, mais je t'en conjure, libère-le.

Chakor s'envole et chante aux oreilles des enfants de cesser de faire du bruit et de s'asseoir en rond autour d'Asura.

ASURA, *gémissant.*

Les dieux ont décidé de ma perte! Je suis un homme ruiné! Est-ce que le coucou peut vivre sans le manguier, et la grenouille sans le marais?

BENJI

Marchand Asura?

ASURA, *pleurant.*

Qu'on me laisse mourir ici! Mon karma est plus lourd et gris que tous les nuages de l'hiver dernier.

BENJI, *lui tapant sur l'épaule.*

Et si Mira revenait, ça s'arrangerait peut-être, non?

ASURA, *se mouchant.*

Mira? Mais cette femme mérite mieux qu'un homme déshonoré par les dieux! (*S'énervant.*) Et puis… et puis je l'ai répudiée!

GANÉSHA, *retenant Mira qui veut aller réconforter Asura.*

Attends, attends encore un peu, je t'en prie.

On entend à nouveau la petite musique douce.

ASURA

Qu'est-ce que j'ai bien pu faire aux dieux pour qu'ils me punissent comme ça?

CHAKOR, *se posant en face de lui.*

Asura ! Tu pleures sur ton sort et tu ne vois plus rien. Tu es l'homme le plus riche de la région, mais aussi le plus égoïste et le plus cruel.

ASURA, *apeuré.*

Je… Seigneur Chakor, je n'ai jamais fait le moindre mal…

CHAKOR

Ne mens pas, Asura ! Je t'ai vu ruiner les paysans. Je t'ai vu répudier ta femme. Si elle part, les enfants n'auront plus de maîtresse. Ceci n'est pas juste, Asura.

Ganésha prend Mira par la main et s'approche du cercle.

ASURA, *de plus en plus apeuré.*

Seigneur Ganésha ! (*Il se prosterne.*)

GANÉSHA

Relève-toi, Asura, et écoute-moi bien. Mira va rester, et toi, tu feras pénitence. Dorénavant, les gens de Lagun ne te donneront plus qu'un tiers de ce qu'ils te donnaient avant.

ASURA, *choqué.*

Mais tu veux ma ruine, Seigneur ?

GANÉSHA, *grognant et balançant sa trompe.*

Asura, est-ce une plaisanterie ? Tu as assez d'argent pour vivre mille ans !

ASURA, *plaintif.*

Mais est-ce que le coucou peut vivre sans…

GANÉSHA

Il suffit, Asura ! Est-ce qu'une école peut vivre sans maîtresse ? Non !

CHAKOR

Et pour te faire pardonner, tu offriras un cadeau à chaque personne du village.

ASURA

Quoi ? Mais c'est deux fois ma ruine ! Et puis, avec quel argent ? Je n'ai plus rien, tout a disparu.

Ganésha éclate de rire et Chakor prend une plume de son aile pour chatouiller le nez d'Asura, qui éternue.

GANÉSHA

Relève la tête, Asura, et regarde autour de toi !

ASURA, *les yeux écarquillés de stupeur.*

Mais… Mais tout est là ! Comme avant ! Ô Seigneur Ganésha, quel est ce mystère ?

GANÉSHA

Une illusion, Asura. Et une leçon ! La prochaine fois, tout disparaîtra pour de bon. Comment peux-tu exiger de Mira un enfant et être si cruel avec tous les enfants du village ?

ASURA

Mais Seigneur, n'importe quel homme veut un enfant, non ?

CHAKOR

Un enfant a besoin d'amour, de douceur, Asura. Pas de cris, ou de jérémiades. Pas d'un père fainéant qui critique tout le monde.

GANÉSHA

Et aussi d'une maîtresse pour apprendre les merveilles du monde.

ASURA, *honteux, baissant la tête.*

Je… Je te demande pardon, Mira… Je vous demande pardon, à tous.

GANÉSHA

Asura, pendant un an, tu feras pénitence. Chaque jour, tu offriras une jarre de lait aux dieux. Et, alors, ils exauceront ton vœu et Mira portera ton enfant.

ASURA, *s'inclinant.*

Que Vishnou t'entende, Seigneur Ganésha.

GANÉSHA

Sois certain qu'il m'entend, Asura.

CHAKOR

Et tu devras aussi aller te purifier dans le Gange, au printemps prochain.

Les enfants se lèvent en poussant des cris de joie. Mira console son mari. Ganésha et Chakor s'éloignent discrètement.

CHAKOR

Ganésha, n'avons-nous pas été trop gentils avec Asura ?

GANÉSHA

Quand Mira donnera naissance à un enfant, Asura deviendra tendre comme du beurre de yack. C'est le meilleur moyen pour qu'elle reste au village, non ?

CHAKOR

Tu es malin, mon ami. Espérons que les dieux enverront un enfant si doux et si gentil qu'il fera fondre le cœur de cette brute d'Asura.

GANÉSHA

C'est bien là-dessus que je compte, mon ami.

Tout le village organise une grande fête, en l'honneur de Ganésha et de Chakor. Les enfants mettent leurs plus beaux saris, des guirlandes de fleurs pour décorer. Les filles préparent des plats de riz parfumés, les garçons jouent de la musique, font brûler des bâtons colorés.

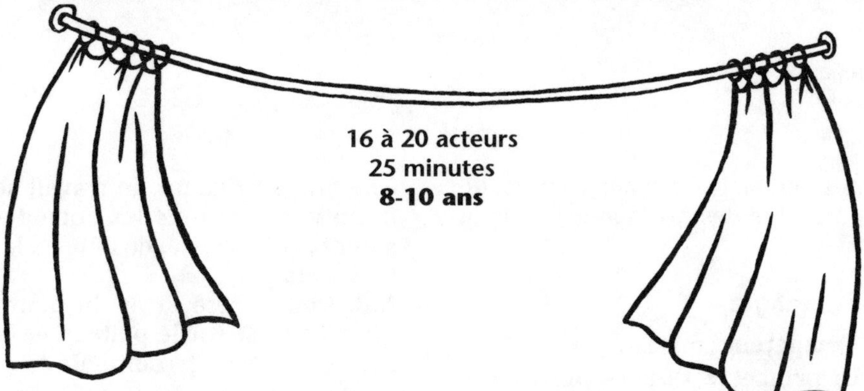

16 à 20 acteurs
25 minutes
8-10 ans

La princesse capricieuse

Pièce en un tableau, librement adaptée d'un conte chinois
par Patrick Meccuci

Pays : Chine

La princesse Douce-Épine s'ennuie et se sent laide. Pour la réconforter, l'empereur, son père, lui demande ce qui lui ferait plaisir. Elle veut un diadème en bulles d'eau... Et si personne ne le trouve, des têtes vont tomber ! On fait appel à l'orfèvre, mais il se sent impuissant devant cette demande. Que faire ? Quelqu'un va-t-il trouver, ou toutes les têtes vont-elles tomber ? Parmi les villageois, le plus petit est sans doute le plus malin ; il pense avoir trouvé une solution qui est aussi une bonne leçon donnée à la princesse.

Remarques

Notes de l'auteur

- Il faut du mouvement et de la rapidité dans le jeu. Les personnages font leur entrée en prenant beaucoup d'espace et peut-être en usant des grandes enjambées, presque glissées, qu'ont les acteurs de nô et de kabuki (formes de théâtre traditionnel japonais). Il est préférable de faire jouer les enfants pieds nus ou en ballerines souples.
- C'est dans une approche « physique » de leur personnage que les enfants trouveront la personnalité de ceux qu'ils incarnent (voir les personnages, ci-après).
- Certaines situations usent de gags « en cascade ». Il convient donc que les enfants soient très attentifs au rythme des actions et des dialogues pour ne pas créer de hiatus à l'intérieur de ces enchaînements.

Notes des directeurs d'ouvrage

- Il est nécessaire de travailler, en amont de ce spectacle, les notions de rythme, d'espace et d'écoute par des exercices appropriés (cf. *60 exercices d'entraînement au théâtre*, éd. Retz).
- Les enfants, toujours en amont du travail sur le spectacle en lui-même, pourront essayer de trouver la démarche et le maintien propres à chaque personnage. Vous pouvez les faire improviser des situations mettant en scène

des personnages ayant les traits de caractère des protagonistes de la pièce.

Personnages

- **L'empereur** : majestueux.
- **La princesse Douce-Épine** : précieuse.
- **Le ministre** : âgé.
- **Le bourreau** : ridicule et inquiétant.
- **Les gongs** (3 ou 4) : cérémonieux.
- **Les gardes** (3 ou 4) : martiaux.
- **Le petit villageois** : vif, malin et toujours à l'écoute.
- **L'orfèvre** : obséquieux.
- **Les villageois** (4 à 6) : humbles.

Décor et espace de jeu

Notes de l'auteur

- Un espace nu, où les différents lieux (le village à cour et le palais à jardin) seront symbolisés par leurs occupants respectifs, regroupés en cercle et dos au public (position « fermée ») ou bien dispersés et face au public (position « ouverte »), suivant que l'action se déroule dans un lieu ou dans un autre.

Ainsi, pour entrer dans le palais, on se regroupe en cercle « fermé », et, pour en sortir, on « s'ouvre » vers le public.

- En début de pièce, les gongs sont placés en une ligne « fermée » qui réunit ces deux espaces.

Notes des directeurs d'ouvrage

Il faut que ce rapport au décor soit parfaitement clair pour les enfants : ce sont eux qui, par leur position, indiquent au public l'endroit où se situe la scène.

Une grande rigueur de travail sera nécessaire car tous les comédiens seront sur le plateau du début à la fin du spectacle.

N.B. Cour : côté droit du plateau, quand on est sur le plateau et face aux spectateurs ; jardin : côté gauche de la scène.

Costumes

Notes de l'auteur

- Utiliser des teintes unies : jaune pour l'empereur, rose pour la princesse, bleu pour le ministre, rouge pour le bourreau, noir pour les gardes, vert pour les gongs, brun et gris pour les villageois.

On évitera le blanc qui est une couleur de deuil pour les Chinois.

- La coupe des vêtements oscille entre les robes longues à manches évasées pour les habitants du palais et les « pyjamas / kimonos » pour les gardes, les gongs et les villageois.

À noter

- Il est souhaitable, puisque cette pièce est librement adaptée d'un conte chinois, de parler, avec les enfants de ce pays, de sa situation géographique, de ses coutumes, de regarder des photos, des diapositives, de voir des films (le cinéma chinois pour enfants est très intéressant) afin que les enfants s'imprègnent de cet univers peut-être méconnu pour certains d'entre eux.
- Pour les chansons, vous pourrez inventer avec les enfants une mélodie. Les chansons peuvent aussi être dites sur un rythme, trouvé en commun, et non chantées.

La scène se passe côté cour, au village. Tous les villageois sont endormis. Les acteurs côté palais forment un cercle fermé.

GRAND GONG, *toquant légèrement sur son crâne et se mettant à « résonner » d'une voix grave, en se tournant vers le public.*

Gonnng !

Son voisin immédiat reprend le même jeu, mais un ton plus haut, et le jeu se poursuit jusqu'à petit gong qui résonne de façon aiguë.

PETIT GONG

Gonnng ! Il fait nuit et il pleut sur le vaste royaume de Chine.

GRAND GONG

Mais le coq va bientôt chanter au village…

Rien ne se passe.

GRAND GONG, *au petit gong, parlant des villageois.*

Ils sont sourds ? Réveille-les !

PETIT GONG, *plus fort.*

Le coq va bientôt chanter au village !

Un peu d'agitation semble se produire au village et le plus petit des villageois est expulsé par les autres qui se rendorment.

LE PETIT VILLAGEOIS

Cocorico !

LES GONGS

Mais tu n'es pas un coq !

LE PETIT VILLAGEOIS

Non, mais on n'avait rien d'autre à manger hier soir, alors les villageois l'ont mis à la casserole. Je leur avais bien dit qu'ils avaient tort, mais ils n'ont pas voulu m'écouter… Et comme je suis le plus petit, ce matin il faut bien que je le remplace…

Texte de **Patrick Mecucci**, *Contes du monde au théâtre*.

UN DES GONGS

Comment t'appelles-tu ?

LE PETIT VILLAGEOIS

Petit.

UN AUTRE GONG

Petit comment ?

LE PETIT VILLAGEOIS

Petit villageois, parce que je suis du village.

GRAND GONG

En attendant, dépêchez-vous de vous mettre au travail avant que l'empereur ne s'éveille, sinon : gonnng !

Tous les gongs miment une tête qui tombe.

Le petit villageois va réveiller les autres et tous se mettent au travail. Les hommes creusent, et les femmes transportent la terre dans leurs paniers posés sur la tête. Ils chantent en travaillant. (Si l'on est en peine de trouver une mélodie simple, le texte pourra simplement être dit rythmiquement.)

LES HOMMES

Ici, on creuse.

LES FEMMES

Ici, on transporte.

LES HOMMES

Ici, on creuse.

LES FEMMES

Chaque jour apporte…

TOUS

Bien peu de riz, bien peu de sommeil,
Beaucoup de pluie, bien peu de soleil.

LES GONGS

L'empereur a dit : « Creusez ! »

TOUS

Et tous les jours nous creusons!

LES GONGS

L'empereur a dit : « Creusez! »

TOUS

Ou nous irons en prison.

À la fin du chant, les villageois reforment un cercle fermé et l'action se transporte au palais.

LE BOURREAU, *aux gardes.*

Demi-tour... Droite! En avant... Marche! Une, deux, une, deux, une, deux...

Les gardes partent au pas cadencé vers l'avant-scène, mais s'arrêtent bien vite.

LES GARDES

Oh, mais il pleut! Halte! Demi-tour... Gauche! (*Ils rentrent au palais dans le désordre et en courant.*) Une, deux, une, deux, une, deux...

LE BOURREAU, *furieux.*

Mais qu'est-ce que vous faites?

LE MINISTRE, *s'éveillant et l'interrompant, un peu grognon.*

Que se passe-t-il?

LE BOURREAU

Ce sont les gardes qui...

L'EMPEREUR, *s'éveillant et l'interrompant, d'assez mauvaise humeur.*

Que se passe-t-il?

LE MINISTRE

C'est le bourreau qui...

LA PRINCESSE DOUCE-ÉPINE, *s'éveillant et l'interrompant, de très mauvaise humeur.*

Que se passe-t-il ?

LES GARDES, *comme un seul homme, en le montrant du doigt.*

C'est l'empereur !

LA PRINCESSE

Vraiment, père, vous n'avez aucun soin de moi ! Vous troublez mon sommeil par vos cris sans même penser à ma santé.

L'EMPEREUR

Mais Douce-Épine, ma fille chérie, ce n'est pas de ma faute, c'est le ministre qui…

DOUCE-ÉPINE, *l'interrompant.*

Que l'on coupe la tête au ministre !

LE MINISTRE

Mais princesse, c'est le bourreau qui…

DOUCE-ÉPINE, *l'interrompant.*

Que l'on coupe la tête au bourreau !

LE BOURREAU

Moi, je veux bien, mais comment vais-je m'y prendre ?

DOUCE-ÉPINE, *très en colère.*

J'en ai assez, tout le monde cherche toujours à me contrarier ici. Personne ne m'obéit, personne ne m'aime ! Je suis si seule que j'aimerais mieux mourir ! Et en plus, il pleut…

L'EMPEREUR

Oh, Douce-Épine, ma toute petite fille ! Ne dis pas cela, tu brises le cœur de ton vieux papa ! Allons, sèche tes larmes ! Regarde toutes ces petites gouttes qui font de jolies bulles d'eau dans les fontaines du palais !

DOUCE-ÉPINE

Je m'ennuie et je me sens laide!

L'EMPEREUR

Qu'est-ce qui te ferait plaisir? Un bijou?

DOUCE-ÉPINE

Des bijoux, j'en ai déjà trop: des colliers, des bagues, des bracelets, des broches...

L'EMPEREUR

Et un diadème? Un beau diadème en diamants?

DOUCE-ÉPINE

J'ai déjà trop de diamants.

LE MINISTRE

En perles?

DOUCE-ÉPINE, *elle semble retrouver le sourire.*

Non, je sais!.. Je veux un diadème en bulles d'eau!

TOUS LES AUTRES SUR SCÈNE, *y compris les villageois.*

En bulles d'eau?!

DOUCE-ÉPINE

Eh bien oui, en bulles d'eau.

L'EMPEREUR

Mais c'est impossible!

DOUCE-ÉPINE

Vous êtes l'empereur ou un rien-du-tout?

L'EMPEREUR, *dans un soupir de lassitude.*

Faites venir l'orfèvre royal!

GRAND GONG

Gonnng! On demande l'orfèvre royal!

L'appel est répercuté par tous les gongs jusqu'au village. L'orfèvre sort du cercle des villageois et vient se jeter aux pieds de l'empereur.

L'ORFÈVRE

Le misérable ver de terre que je suis ne mérite pas l'honneur de paraître devant son empereur!

L'empereur fait signe à son ministre, qui prend la parole.

LE MINISTRE

Silence! Écoute. Notre bien-aimée princesse veut un diadème digne de sa beauté.

L'ORFÈVRE

N'en dites pas plus! Je vois un diadème fait de l'or le plus pur, finement travaillé et décoré des plus belles perles d'Orient...

DOUCE-ÉPINE, *l'interrompant.*

C'est nul! Bourreau, explique-lui mieux!

LE BOURREAU

Je vois un orfèvre, rôti à petit feu, embroché sur mes plus fines brochettes et décapité par le sabre le plus tranchant d'Orient...

L'ORFÈVRE, *qui a du mal à avaler.*

Gloups... Je... Euh... Je voulais dire un diadème de platine rehaussé de diamants...?

DOUCE-ÉPINE, *l'interrompant.*

C'est encore plus nul! Bourreau, explique-lui mieux encore!

LE BOURREAU, *imitant l'orfèvre.*

Je voulais dire pendu par les oreilles et dévoré par les fourmis!

DOUCE-ÉPINE

Je ne vais tout de même pas porter de vulgaires perles? Ma peau ne les supporte plus! Je veux un diadème orné de bulles d'eau.

L'ORFÈVRE, *restant un moment silencieux, puis, l'air résigné, s'adressant au bourreau.*

Pourrais-je être dévoré par les fourmis avant qu'on me pende par les oreilles, car mes oreilles sont trop fragiles pour supporter le poids de mon derrière...

L'EMPEREUR, *stupéfait.*

Comment ? Tu refuses ? À moi ?

C'est le branle-bas général. À l'exception de l'empereur, de la princesse, du ministre et du bourreau, les comédiens se mettent à courir en tous sens et leurs répliques se chevauchent et s'entrecroisent.

UN VILLAGEOIS

L'orfèvre a dit non à l'empereur !

UN GARDE

Il faut lui trancher la tête !

UNE VIEILLE VILLAGEOISE

On n'aurait jamais vu ça de mon temps !

LES GONGS

Gonng ! Gonng ! Que l'on fasse silence !

UN AUTRE GARDE

Quel exemple pour le peuple !

UNE AUTRE VILLAGEOISE

L'empereur va se venger sur nous !

L'EMPEREUR, *hurlant pour ramener le calme.*

Silence ! Que tous se rassemblent devant moi et se tiennent tranquilles !

Les villageois font cercle autour du palais, prosternés devant l'empereur.

LES GONGS

Gonnng ! Gonnng !

L'EMPEREUR

Qui vous a dit de gonguer ?

PETIT GONG

Mais, sire, c'est la coutume…

L'EMPEREUR

Taisez-vous ! Orfèvre, oses-tu me refuser encore ?

L'ORFÈVRE

Je n'ai rien refusé, sire, mais ce que vous me demandez est tout simplement impossible.

L'EMPEREUR, *qui s'en doutait un peu.*

Vous voyez, ma fille...

DOUCE-ÉPINE

Je vois surtout que vous n'êtes pas un vrai empereur ! Je vois que vous préférez croire cet homme ! Je vois que vous ne m'aimez pas ! Je vois qu'il ne me reste plus qu'à mourir. Aaah... *Elle tombe évanouie, dans le plus pur style théâtral.*

Tout le palais se précipite pour la relever.

L'EMPEREUR

Ma petite fille ! Que l'on fasse chercher tous les orfèvres du royaume ! Qu'on leur dise que celui qui fera pour ma fille le diadème qu'elle a demandé recevra son poids en diamants et... (*Désignant l'orfèvre.*) que les autres seront décapités avec ce traître le jour même où ma fille aura son diadème ! En attendant, qu'on le jette en prison !

Les gardes jettent l'orfèvre à genoux au centre du cercle du palais qui s'est refermé. Les gongs s'élancent et partent autour de la scène et même parmi les spectateurs comme s'ils chevauchaient de rapides montures. Pendant ce temps, les villageois se réunissent pour commenter l'événement.

UN VILLAGEOIS

L'orfèvre ne risque pas grand-chose, car ça m'étonnerait que quelqu'un y arrive !

Les villageois rient, sauf le petit villageois du début.

LE PETIT VILLAGEOIS

Vous avez tort de rire...

UN AUTRE VILLAGEOIS

Et pourquoi ça, oiseau de malheur ?

LE PETIT VILLAGEOIS

Parce que la princesse ne lâchera pas son idée et que l'empereur…

UNE VILLAGEOISE, *l'interrompant.*

En voilà une qui a manqué de fessées !

TOUS

Chut ! Tais-toi ! Si on t'entendait, nous serions tous morts !

Entre-temps, les gongs sont revenus. Le palais ouvre ses portes, les villageois rentrent chez eux, sauf le petit villageois qui s'en va discrètement écouter aux portes du palais.
Les gongs saluent et s'agenouillent devant la Cour.

L'EMPEREUR, *impatient.*

Alors ?

LES GONGS

Nous avons vu tous les orfèvres du royaume et nous leur avons fait demande du diadème de bulles d'eau !

L'EMPEREUR, *impatient.*

Et alors ?

GRAND GONG

Le premier a fait un infarctus…

2e GONG

Le second s'est jeté à l'eau…

3e GONG

Le troisième a sauté par la fenêtre…

4e GONG

Le quatrième a prévenu tous les autres et ils se sont tous cachés.

L'EMPEREUR

Que vais-je dire à Douce-Épine ?

DOUCE-ÉPINE

J'ai entendu que l'on arrivait. M'apporte-t-on mon diadème ?

L'EMPEREUR, *au ministre.*

Dis-lui, toi…

LE MINISTRE

Euh… Pas encore, mais c'est une question de jours…

DOUCE-ÉPINE

De jours ? Aaah… !

Elle se laisse tomber, tout le monde accourt, etc.

LE PETIT VILLAGEOIS, *en aparté, au public.*

Elle exagère cette fille-là… Elle mange à sa faim chaque jour, son travail le plus dur est de porter son éventail et ce n'est pas encore suffisant !

L'EMPEREUR, *consterné.*

Que faire ?...

LE BOURREAU

Majesté, puis-je parler ?

L'EMPEREUR

Parle…

LE BOURREAU

Vous êtes trop bon !

L'EMPEREUR

Avec ma fille ?

LE BOURREAU

Non, avec ces villageois ! L'orfèvre est l'un d'entre eux, mettez-les tous en prison et menacez de leur faire trancher la tête à tous s'il n'a pas trouvé de solution d'ici demain !

L'EMPEREUR, *après avoir réfléchi un instant.*

Cela ne me paraît pas très juste, mais je n'ai pas d'autre idée… Va et fais comme tu veux.

Le bourreau et les gardes sortent au pas cadencé. Ils font le tour de la scène avant de venir entourer les villageois qui s'accroupissent au milieu du cercle ainsi formé. Le palais se referme et le petit villageois reste seul à l'avant-scène.

LE PETIT VILLAGEOIS

Je leur avais bien dit qu'ils ne riraient pas longtemps…

Chanson du petit villageois.

Comme les chiens mordent la paille
Pour s'amuser,
Le roi nous tord et nous bataille
Sans y penser.
La vie ici est difficile
Pour les petits.
Nos vies aussi sont bien fragiles,
Mais c'est la vie…

Il reste un moment songeur, puis, en rampant, rejoint le village. Toujours en rampant, il se glisse entre les jambes des gardes, qui sont autant de barreaux, et parle avec les prisonniers.

UNE VIEILLE VILLAGEOISE

C'est toi, petit ? Tu as pu leur échapper, c'est bien…

UN VILLAGEOIS

J'aimerais tant voir le soleil au lieu d'être en prison…

UNE VILLAGEOISE

Et le vent… Le bruit du vent dans les bambous…

UN AUTRE VILLAGEOIS

Et la pluie qui fait des bulles qu'on voudrait emporter chez soi…

TOUS LES AUTRES

Ah non ! Parle-nous d'autre chose !

LE PETIT VILLAGEOIS

Non ! Non, laissez-le parler ! Les bulles…

LE VILLAGEOIS

Ben oui, les bulles d'eau qu'on voudrait emporter, mais ça, personne ne peut...

Le petit villageois est pris de fou rire, les autres le regardent effectivement comme s'il était fou.

LE PETIT VILLAGEOIS

Eh oui... Hi hi!... Oui, c'est bien ça... Hi hi!... Personne ne le peut... Hi hi!

Il rit tellement qu'il heurte les jambes du bourreau. Celui-ci le voit et l'empoigne.

LE BOURREAU

Oh, le beau petit... (*Aux gardes.*) Eh, j'en tiens un beau! Un tout petit!

LES GARDES

Fais voir!

LE PETIT VILLAGEOIS

Lâchez-moi! Lâchez-moi!

Le petit villageois se débat tellement qu'il bouscule le bourreau, qui heurte un garde, qui heurte un gong, qui heurte le suivant, etc., jusqu'à heurter le ministre, l'empereur et, finalement, la princesse.

DOUCE-ÉPINE

Qui m'a réveillé?

L'EMPEREUR, *montrant le ministre.*

C'est lui!

LE MINISTRE, *montrant le grand gong.*

Non, c'est lui!

Le même jeu se reproduit jusqu'au bourreau qui désigne le petit villageois, mais sans avoir le temps de le dénoncer car le petit villageois lui échappe et vient se prosterner aux pieds de l'empereur.

LE PETIT VILLAGEOIS

C'est moi le coupable, Majesté.

LE BOURREAU

Vous voyez, « cou-pable », je dois donc « cou-per »...

L'EMPEREUR, *au bourreau.*

Tais-toi ! (*Au petit villageois.*) Que peux-tu dire pour ta défense ?

LE PETIT VILLAGEOIS

C'est la joie d'avoir trouvé...

TOUT LE PALAIS

D'avoir trouvé quoi ?

DOUCE-ÉPINE, *battant des mains.*

Il a trouvé ! Je vais avoir mon diadème !

LE MINISTRE

Qu'il prouve d'abord ce qu'il dit.

LE PETIT VILLAGEOIS

Rien de plus facile. Mais d'abord, votre Majesté, il me faut poser deux conditions...

LE BOURREAU

Vous voyez, ça commence !

L'EMPEREUR, *au bourreau.*

Pour la dernière fois, tais-toi ou c'est ta tête qui va tomber ! (*Au petit villageois.*) Alors, quelles sont ces conditions ?

LE PETIT VILLAGEOIS

Le Grand Dragon qui veille sur la Chine m'est apparu cette nuit en rêve pour m'apporter la solution. Il m'a dit : « Mon fils, je t'aiderai à faire ce que demande la princesse si tu respectes deux conditions. Premièrement, rappelle à l'empereur que les villageois sont ses enfants et qu'il doit veiller sur eux comme moi je veille sur lui : sans abuser de sa force. Dis-lui de les libérer car il ne sert à rien de les maltraiter par caprice. (*À ces mots, les réactions sont nombreuses et vives.*) Rappelle-lui que malgré mon grand pouvoir, moi, je n'ai jamais été injuste envers lui. »

DOUCE-ÉPINE

Quel insolent !

LE PETIT VILLAGEOIS

Mille pardons, princesse, mais c'est le Dragon qui parle, pas moi…

L'EMPEREUR, *amusé par son culot et touché par ses reproches.*

Continue, petit villageois, que t'a encore dit le Dragon?

LE PETIT VILLAGEOIS

Il m'a dit ensuite : « Pour un Grand Dragon comme moi, fabriquer un diadème en bulles d'eau est un jeu d'enfant, mais à la condition que celle qui le portera m'apporte les bulles d'eau elle-même… »

DOUCE-ÉPINE

Mais… Mais…

L'EMPEREUR

Quoi donc, ma fille?

DOUCE-ÉPINE

Mais c'est impossible!

L'EMPEREUR, *avec sévérité.*

Êtes-vous une princesse ou une rien-du-tout?

Elle réalise soudain qu'elle s'est fait prendre à son propre jeu et rentre au palais, accompagnée par les gardes et le bourreau.

L'EMPEREUR, *riant de bon cœur.*

Tu es un sage petit villageois… Ou plutôt… (*Il cligne de l'œil.*) Ce Grand Dragon en est un fameux!

LE MINISTRE

Sire, je me fais vieux et il faudra bien me remplacer un jour… C'est un sage comme cela qu'il vous faudra.

L'EMPEREUR, *au petit villageois.*

Qu'en dis-tu?

LE PETIT VILLAGEOIS

J'en serais très heureux, mais pour le moment je voudrais bien retrouver ma famille et mes amis.

L'EMPEREUR

C'est juste, petit, et pour célébrer l'apparition du Grand Dragon et l'arrivée de mon futur ministre, j'ordonne une grande fête ! (*Se tournant vers sa fille.*) À laquelle tous devront participer de bon cœur, sous peine d'une bonne fessée !

Les villageois entourent le petit villageois et lui font fête, puis tous les comédiens se prennent par la main pour une dernière chanson.

Chanson finale :

La pluie
Vient de
Cesser de tomber,
Le ciel,
Tout bleu,
Est débarrassé
Des nuages noirs
Lourds et sans espoir.
Le riz,
Le blé
Vont pouvoir pousser.
Les rires,
Les chants
Vont nous emporter.
Amis de ce soir,
Allons, au revoir !

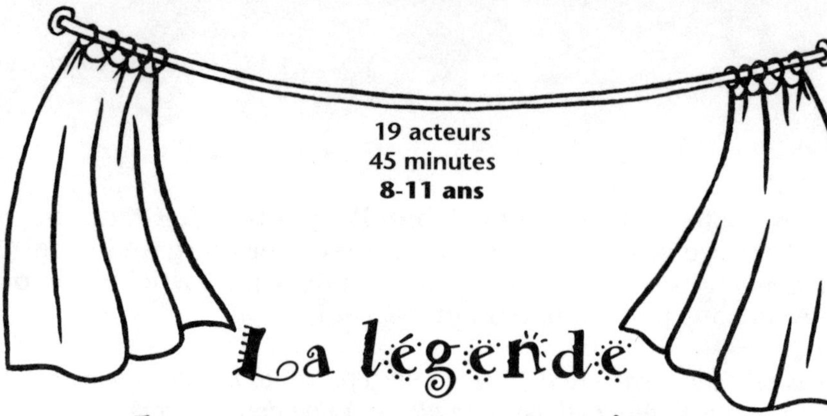

19 acteurs
45 minutes
8-11 ans

La légende du partage du jour et de la nuit

de

Jacky Viallon

Pays : Brésil

La nuit ne descend plus sur la forêt et le petit village de Quéco. Qui a volé la nuit ? Depuis que Diable-Rit est arrivé dans son royaume, Dieu-des-Ténèbres s'amuse : il n'est plus assez sombre pour étendre son manteau de nuit.

Commère-la-Grimace, servante dévouée et maladroite, va se rendre à Quéco à la recherche de la tristesse. Les villageois et les animaux vont la duper en lui offrant une marionnette. Mais Dieu-des-Ténèbres va ainsi découvrir la joie d'animer cet objet et la tristesse de le voir inerte.

Ces changements d'humeur permettront à nouveau le partage du jour et de la nuit.

Remarques

- Les animaux peuvent être joués avec des demi-masques qui ne cachent pas la totalité du visage, ou qui sont conventionnellement posés sur la tête. On peut également utiliser des costumes représentatifs et symboliques.

Pour être identifiés, les animaux peuvent aussi porter une inscription sur le costume ; ou chaque comédien peut tenir une pancarte sur laquelle est écrit le nom de l'animal.

- Si les rôles de Tadéo, Mélodia, Commère-la-Grimace et le condor sont trop importants pour un seul acteur, ils peuvent être répartis sur des doublures qui annoncent dès leur entrée de jeu leurs rôles respectifs. On peut visualiser les rôles par un accessoire facilement échangeable : chapeau, paréo, châle, etc.
- L'astérisque qui suit certains mots ou expressions propres à la culture d'Amérique latine renvoie au glossaire qui explique également certaines coutumes locales.
- L'action se passe dans un petit village imaginaire appelé Quéco. Il se

situerait approximativement au nord du Brésil, dans une des zones de la forêt amazonienne.

Personnages

- **Le condor**, conteur (le rôle peut être réparti entre plusieurs enfants).
- **Tadéo**, jeune garçon.
- **Mélodia**, jeune fille.
- **Miguelito**, jeune garçon.
- **Commère-la-Grimace**, déesse triste, mais cependant comique.
- **Commère-la-Mort**.
- **Le chaman**, sorcier philosophe.
- **Dieu-des-Ténèbres**.
- **Le jaguar**, fourbe et affamé.
- **Le singe**, espiègle.
- **Le colibri**, beau et coloré.
- **Le crocodile**, apathique.
- **Le perroquet**, un peu « énervant ».
- **Le papillon**, virevoltant.
- **Diable-Rit**, l'esprit drôle.
- **Compère-le-Vent**, l'esprit rapide.
- **Maskilili**, méchant esprit de la forêt.
- **Lamparilla**, fantôme agitant une lampe.
- **Une marionnette** (peut être jouée par un enfant).

Décor

Les trois espaces de jeu sont les suivants : un village amazonien (où se trouve la case du grand chaman), le royaume de Dieu-des-Ténèbres et la forêt.

- Les espaces figurant le village et le royaume de Dieu-des-Ténèbres doivent être facilement repérables et extrêmement bien définis dans l'espace de jeu.
- La forêt, quant à elle, peut être représentée par des enfants tenant chacun une branche.

Comme pour toutes représentations de village, il est nécessaire de se documenter sur les spécificités d'habitation et les coutumes liées à la représentation de ce texte. En l'occurrence, un travail de recherche sur le Brésil, le continent sud-américain et la forêt amazonienne semble indispensable.

La réalisation de ce spectacle peut faire partie d'un projet d'école mobilisant plusieurs classes et plusieurs enseignants.

Costumes

- Les animaux seront représentés par des masques.
- Lamparilla porte un collant sur lequel est dessiné un squelette.
- Les humains seront habillés de châles, de chapeaux, de paréos et de pantalons. Des ponchos peuvent aussi parfaitement représenter l'Amérique du Sud.

Accessoires

- Un papillon, au bout d'une tige, si le rôle n'est pas tenu par un enfant.
- Un cerf-volant.
- Branches, feuilles pour la forêt.
- Une marionnette, si ce rôle n'est pas tenu par un enfant.
- Accessoires de tous les jours pour le village (casseroles, calebasses, légumes, pelles, objets divers...).

Glossaire

Arroz con leche : boisson typique d'Amérique latine. Mélange de riz avec du lait.

Chaman : comme le cacique, le chaman est un peu considéré comme le chef de la tribu ou du village selon la sédentarisation du groupe. Il s'occupe des pratiques rituelles, sert d'intermédiaire entre les hommes, les dieux et les âmes des morts. Il est également sorcier, prophète, guérisseur, conseiller…
Conquistador : nom donné aux Espagnols qui partirent à la conquête de l'Amérique. Dans le texte, le singe parle avec ironie de Miguelito comme s'il avait l'arrogance d'un conquérant.
Coquillages : dans certaines régions d'Amazonie, ce sont les plumes et les coquillages qui servent de monnaie d'échange.
Lamparilla : personnage que l'on rencontre dans certaines légendes d'Amérique latine. Sorte de revenant qui, d'après la croyance populaire, a l'apparence d'un squelette brandissant une lampe bleue. Il évolue plus particulièrement en forêt.
Maison de la Parole : case où se réunissent les Anciens pour discuter des problèmes de la communauté.
Mère-de-la-forêt : d'après certaines légendes d'Amérique du Sud, notamment péruviennes ou amazoniennes, certaines zones impénétrables de la forêt ont une Mère qui punit ceux qui osent violer son territoire.
Ocelot : grand chat sauvage à pelage roux taché de brun. Fréquent en forêt d'Amazonie.
Raton-crabier : espèce de petit rat d'Amérique du Sud qui se nourrit plus particulièrement de crabes. Dans les contes, il est souvent dupé par les autres animaux.
Sacha-runa : dans la mythologie amazonienne, c'est un être à l'apparence végétale, de petite taille et au ventre volumineux.
Séba : petit arbre qui produit des graines.
Tortilla : galette de maïs.
Toucan : oiseau d'Amérique du Sud au plumage éclatant et au bec énorme.

À noter

Cette pièce doit être réellement féérique. Ici, les animaux s'expriment, participent à l'action. Les humains et les dieux se côtoient. L'atmosphère doit donc revêtir un caractère fantastique, reflétant ce que l'on imagine de la forêt amazonienne : mystère, magie et éclats multicolores.

Scène 1

LE CONDOR. *Le comédien est sur le côté de la scène. Il domine le plateau et le décrit d'un geste majestueux.*

Regardez ! Depuis plusieurs jours, la nuit ne tombe plus sur le petit village de Quéco. La forêt, la campagne et le village restent éveillés. Les animaux et les hommes sont très inquiets.

On entend des réflexions diverses provenant de plusieurs animaux ou enfants.

– Quelle heure est-il ?
– Minuit !
– Et toujours le soleil !
– On a volé la nuit !
– Au secours ! On a volé la nuit !
– On a volé les étoiles ! Au secours !

LE JAGUAR

Je n'ai même plus la force de courir après un ocelot* ! Je pourrais à peine attraper une tortue.

LE SINGE

Et tu te casserais les dents sur sa carapace !

LE JAGUAR

C'est vrai ! Le manque de sommeil me fait dire n'importe quoi !

LE COLIBRI

Nom d'une plume ! Je vais finir par tomber de l'arbre !

LE SINGE

Et descendre tout cru dans la gueule de maître Jaguar.

LE JAGUAR, *en bâillant.*

Bah ! Je l'ouvre à peine pour bâiller, le manque de sommeil me coupe l'appétit !

Texte de **Jacky Viallon**, *Contes du monde au théâtre.*

LE CROCODILE

Silence ! Je ferme les yeux, j'essaye d'imaginer la nuit !

LE PERROQUET

C'est vrai ça ! C'est vrai ça ! Excusez-moi mais je suis obligé de le répéter pour prendre mon élan. Mais je vais la finir, cette phrase : je voulais dire, je voulais dire… Voilà, je ne m'en souviens plus !

LE SINGE

Ça suffit ! Tu nous casses les oreilles. Finis ta phrase ou transforme-la en cacahuète pour l'avaler.

LE PAPILLON

Pour moi, papillon de jour, ce sont quelques heures de gagnées. Je profite plus longuement de la vie.

TADÉO, *s'adressant à son amie Mélodia et aux animaux.*

Nous allons voir le grand chaman* pour savoir ce qui se passe ! Peut-être a-t-il parlé avec les esprits ou les diables ? Allez, tous en route !

LE SINGE

Tous en route : je me méfie ! Je connais certains animaux qui ne s'entendent pas !

LE PERROQUET

C'est vrai ça, c'est vrai ça ! Maître Jaguar va en profiter pour nous dévorer !

LE JAGUAR

Allons, allons ! Nous n'allons pas nous dévorer au grand jour !

TADÉO

N'oublie pas ce que tu me dois !

LE CROCODILE, *ouvrant un œil.*

Il te doit des coquillages* ?

MÉLODIA

Mais non ! À ce jour, maître Jaguar protège Tadéo qui a délivré son petit d'un mauvais piège caché par un chasseur !

LE CROCODILE, *sur un ton de doute.*

Oui ! Oui ! Tiens ! Tiens ! Je me méfierai !

TADÉO

Bon, ne traînons pas !

LE SINGE, *en riant.*

Oui ! Il faut que l'on arrive avant la nuit !

Tout le monde le regarde en haussant les épaules.

Scène 2

Ils arrivent tous devant la case du grand chaman.

LE CHAMAN

Oh là là ! En voilà un rassemblement !

LE PERROQUET

C'est vrai ça ! C'est vrai ça ! Pour une fois, on est tous unis !

Tous ensemble, animaux et enfants.

On a volé la nuit ! On a volé la nuit !

LE CHAMAN

Silence ! Je ne suis pas sourd ! Je vois bien qu'il fait jour, même si c'était la nuit !

TOUS

Et alors !

LE CHAMAN

Et alors ?

TADÉO

Vous ne savez pas pourquoi ?

LE CHAMAN

Non ! On en parle avec les Anciens dans la Maison de la Parole*. On observe les reflets de l'eau dans la calebasse, on regarde le feu. Aucun signe ! L'oiseau inhambu qui, de coutume, annonce la nuit, ne chante plus. Il est même parti !

MÉLODIA

C'est pour ça qu'on entend l'oiseau cujubin, l'oiseau de jour ?

TADÉO

Il nous casse les oreilles ! On voit bien qu'il fait jour !

LE CHAMAN

Les Anciens disent que c'est à cause d'une querelle entre Mère-de-la-Forêt* et certains mauvais esprits que la nuit a disparu, mais personne ne sait qui l'a volée.

LE CROCODILE

Pour une fois, ce n'est pas notre faute !

LE SINGE

Que faire ? Je suis malin ! Je pourrais me cacher dans les arbres et aller voir !

LE CHAMAN

Non ! Il ne faut pas provoquer Mère-de-la-Forêt : elle te transformerait en Sacha-runa*, tu deviendrais mi-arbre mi-homme !

LE SINGE

Bon ! Je reste là et préfère continuer à faire le singe. Je ne tiens pas à être un arbre déguisé en homme !

LE CHAMAN

Que chacun rentre chez soi ! Laissez les Anciens se mettre en pensée avec Mère-de-la-Forêt.

LE COLIBRI

Rentrer chez nous ?

LE PAPILLON

Chez nous, c'est partout !

LE PERROQUET

C'est vrai ça! Partout, c'est chez nous!

LE JAGUAR

Retournons à l'orée de la forêt. Avec ce jour qui n'en finit pas je ne tiens plus sur mes pattes.

LE COLIBRI

Pourtant, tu en as quatre!

LE SINGE

Mange une fleur de papaye pour te tenir éveillé.

Tout le monde quitte le plateau.

Scène 3

LE CONDOR, *en tournant sur lui-même, les bras écartés.*

Quand tout le monde essaye de comprendre pourquoi on a volé la nuit, moi, le grand condor qui domine la Clarté et les Ténèbres, je vais vous raconter la véritable histoire du partage du jour et de la nuit. Je vous transporte au royaume de Dieu-des-Ténèbres, en compagnie de Commère-la-Grimace.

COMMÈRE-LA-GRIMACE, *depuis les coulisses.*

J'essaye de faire triste mine et j'arrive!

Elle sort des coulisses et se présente devant Dieu-des-Ténèbres.

DIEU-DES-TÉNÈBRES

Pourquoi vous ne me racontez plus de ces belles histoires tristes?

COMMÈRE-LA-GRIMACE

Je cherche les larmes, mais je pouffe de rire : j'invente malgré moi des histoires pleines de soleil.

DIEU-DES-TÉNÈBRES

Depuis que Diable-Rit est arrivé au royaume, vous êtes toujours gaie. Regardez la tête que vous faites ! C'est à mourir de rire ! Quand je vous regarde, je ne m'assombris plus, je n'ai plus envie de me coucher et je laisse en bas toute la place pour le jour.

COMMÈRE-LA-GRIMACE

C'est vrai, je ne retrouve plus mes chansons grises ni mes vilaines grimaces pour vous attrister !

DIABLE-RIT, *qui vient d'arriver, s'adresse aux deux personnages.*

Je suis navré de déranger mais quand je vois la tête de Commère-la-Grimace, je ne peux pas m'empêcher de rire !

DIEU-DES-TÉNÈBRES

Bon ! Il vaudrait mieux que vous vous retiriez tous les deux. Je vais tenter de m'attrister tout seul en me regardant le visage dans un quartier de lune.

Dieu-des-Ténèbres sort.

DIABLE-RIT

Pauvre dieu ! Il n'arrive pas à être triste !

COMMÈRE-LA-GRIMACE

Il est gentil : on ne peut pas le haïr. Pourtant il aimerait tant avoir un ennemi pour ressentir un peu de peine.

DIABLE-RIT

Je n'ai pas envie d'être son ennemi ! Puisque l'on ne peut rien faire pour l'assombrir, il faut descendre sur Terre chercher quelque chose qui le rende triste.

COMMÈRE-LA-GRIMACE

Ah bon ? Je connais mal le pays !

DIABLE-RIT

C'est pourtant à vous d'y aller. Moi, je ne peux pas redescendre : j'ai été envoyé par punition dans les Ténèbres !

COMMÈRE-LA-GRIMACE

Par qui ?

DIABLE-RIT

Par Maskilili, le mauvais esprit de la forêt !

COMMÈRE-LA-GRIMACE

Pourquoi ?

DIABLE-RIT

Mes drôleries attiraient les animaux et les humains dans l'espace sacré de la forêt.

COMMÈRE-LA-GRIMACE

On vous a envoyé rire ici ! Et bien, Maskilili aurait pu choisir une autre contrée !

DIABLE-RIT

Il savait qu'en m'envoyant rire au nez de Dieu-des-Ténèbres, la nuit ne tomberait plus sur la Terre. Il voulait se venger de Mère-de-la-Forêt : un jour de colère, elle lui a donné l'apparence d'un arbre tordu !

COMMÈRE-LA-GRIMACE

C'est drôle, mais c'est triste !

DIABLE-RIT

Justement, dépêchez-vous de descendre et rapportez quelque chose de triste pour assombrir Dieu-des-Ténèbres ! J'ai hâte de voir redescendre la nuit sur Terre pour me venger !

COMMÈRE-LA-GRIMACE

Bon, j'y vais ! Est-ce qu'il faut que j'emporte quelque chose de particulier ?

DIABLE-RIT

Non ! Votre tête à grimaces suffira !

Scène 4

Commère-la-Grimace arrive au petit village de Quéco ; elle rencontre le colibri.

LE COLIBRI

Toi, tu n'es pas d'ici ! Tu es plus vilaine que le singe ! Tu fais vraiment une drôle de grimace.

COMMÈRE-LA-GRIMACE

Je ne suis pas là pour rire. Je voudrais rencontrer quelqu'un qui me parle de tristesse. Vous êtes plutôt gai : vos plumes sont belles et colorées.

LE COLIBRI

Je sais, tout le monde veut me les arracher pour faire des échanges. Chaque fois que le chaman m'attrape, il m'en enlève une.

COMMÈRE-LA-GRIMACE

Le chaman !

LE COLIBRI

Oui, le Sage, le grand chef, le sorcier !

COMMÈRE-LA-GRIMACE

Le Sage ! C'est lui qu'il me faut !

LE COLIBRI

D'ailleurs le voilà ! Il veut encore me tirer une plume du derrière !

Le colibri disparaît. On voit arriver le chaman.

COMMÈRE-LA-GRIMACE

Bonjour compère !

LA CHAMAN

Je ne suis pas votre compère. On m'appelle Grand Chef, le Sage ou l'Ancien.

COMMÈRE-LA-GRIMACE

Je vais choisir l'Ancien, c'est ce qu'il y a de moins drôle ! À propos, qu'est-ce qu'il y a de triste chez vous ?

LE CHAMAN, *qui se sent gêné et qui hésite.*

Drôle de question ! Heu ! Il y a la maladie... Oui, la maladie c'est vraiment triste... Remarquez, on la soigne avec les plantes et quelques dessins sur la terre, et elle s'envole.

COMMÈRE-LA-GRIMACE

Si elle s'envole, ce n'est pas vraiment triste ! Je ne peux pas l'emporter dans mon royaume !

LE CHAMAN, *riant.*

Un royaume ! Avec la tête que vous avez, vous avez un royaume ? Ah ! Ah !
Il éclate de rire.

COMMÈRE-LA-GRIMACE

Si c'est pour me rire au nez, je vais voir plus loin !

LE CHAMAN, *trop content de se débarrasser de ce personnage.*

Oui ! Oui ! Allez voir les animaux ! Ils ne sourient jamais : ils sont tristes !

LE COLIBRI, *apparaissant avec prudence d'un côté de la scène. Il sort à peine la tête du rideau et s'adresse directement au public.*

Je voudrais bien le voir sourire, lui, s'il avait un bec !

Scène 5

LE CONDOR

Commère-la-Grimace se dirige vers la forêt et va à la rencontre des animaux.

COMMÈRE-LA-GRIMACE

Bonjour ! C'est le chaman qui m'envoie ! Je voudrais savoir ce qui vous rend tristes.

LES ANIMAUX, *tous ensemble.*

Ben… heu… heu…

LE JAGUAR

Vous permettez que je parle en premier, je suis le maître ici ! Je suis triste quand je ne mange pas un ocelot !

LE COLIBRI

Moi, quand je ne peux pas gober de beaux insectes cachés dans une fleur !

LE CROCODILE

Quand je manque un gibier d'eau ! Scrountch ! Trop tard ! Chagrin !

LE PERROQUET

Quand je n'arrive pas à décortiquer une graine de séba* !

LE SINGE

Quand je ne suis pas assez malin pour voler quelque chose à manger !

COMMÈRE-LA-GRIMACE

Finalement, vous ne pensez qu'à manger !

LE SINGE, *en ricanant.*

Nous ne sommes que des bêtes.

LE PERROQUET

C'est vrai ça ! C'est vrai ça ! Il faudrait voir les humains ! Surtout les enfants, ils détiennent la vérité ! Tiens, voilà Tadéo et Mélodia !

Les animaux sortent.

Scène 6

TADÉO, *à Commère-la-Grimace.*

Vous avez une drôle de tête ! Vous n'êtes pas du village ?

MÉLODIA

Vous êtes vraiment amusante ! Même sans parler, vous faites rire !

COMMÈRE-LA-GRIMACE

Ce n'est pas le moment. Je viens chercher quelque chose de triste.

TADÉO

Pourquoi cherchez-vous quelque chose de triste ?

COMMÈRE-LA-GRIMACE

Pour Dieu-des-Ténèbres. Il ne peut dormir que dans la tristesse. Si je ne reviens pas avec quelque chose de triste, il ne pourra pas se coucher et la nuit ne reviendra jamais.

MÉLODIA

Voilà pourquoi la nuit ne vient plus !

TADÉO

Courrons vite en parler au chaman !

COMMÈRE-LA-GRIMACE

Je viens de le voir ! Il a ri, il s'est tordu de rire.

TADÉO

Mais il ne vous a pas parlé de la disparition de la nuit ?

COMMÈRE-LA-GRIMACE

Je lui ai simplement dit que je cherchais quelque chose de triste, il a éclaté de rire et m'a envoyé chez les animaux !

MÉLODIA

Et les animaux, qu'est-ce qu'ils ont dit ?

COMMÈRE-LA-GRIMACE

Ils ne pensent qu'à manger ! Ce ne sont que des ventres. Mais vous ? Avez-vous enfin quelque chose de triste à me proposer ? Il y a bien de la tristesse dans votre vie !

TADÉO, *s'emportant d'un seul coup.*

Oui, ma grand-mère est très malade et…

À ce moment, intervient le papillon qui vient se poser sur l'épaule de Tadéo pour lui couper la parole. Il peut être joué par une marionnette ou tenu au bout d'une tige par un enfant qui énonce le texte. Mélodia aperçoit l'intervention du papillon, elle tire Commère par le bras pour l'emmener un peu à l'écart de Tadéo.

LE PAPILLON, *à voix basse.*

N'en dis pas davantage… Elle est sans doute envoyée par les mauvais esprits pour venir chercher ta grand-mère. Crois-moi, je ne vis pas longtemps, je comprends vite. Je viens de gagner quelques jours : alors j'ai plus d'expérience !

Papillon s'en va. Commère revient vers Tadéo.

COMMÈRE-LA-GRIMACE

Que voulait donc ce papillon ?

TADÉO

Heu ! Rien !

MÉLODIA

Il est très timide ! *(Pour sauver Tadéo de l'embarras.)* C'est qu'il est amoureux, il ne veut pas le dire à tout le monde.

TADÉO, *enjoué.*

Oui ! Il est amoureux du papillon de nuit, il attend impatiemment le départ du jour.

COMMÈRE-LA-GRIMACE, *ne faisant pas attention à cette remarque, poursuit sa première question.*

Donc, ta grand-mère est malade et cela te rend triste ! C'est bien embêtant !

TADÉO

Oh oui !

COMMÈRE-LA-GRIMACE

Pour moi aussi !

MÉLODIA

Pourquoi ?

COMMÈRE-LA-GRIMACE

Parce que le chaman m'a dit que la maladie se soigne et s'envole ! Ce ne sera pas assez triste pour Dieu-des-Ténèbres.

Arrive brusquement un autre enfant, Miguelito. Il tient un cerf-volant à bout de bras et le fait évoluer comme s'il était dans les airs.

MIGUELITO

Tiens, je te rends ton cerf-volant, il faut que j'aille couper des feuilles de bananier, mon père veut refaire le toit de la case. Dommage ! Je l'aurais bien gardé.

MÉLODIA

Rends-moi vite mon bel oiseau !

MIGUELITO

Je te l'aurais bien échangé contre sept coquillages et trois plumes de colibri !

Le colibri passe la tête sur le bord de scène et s'adresse au public.

LE COLIBRI

C'est encore moi qui sers d'échange !
Il rentre la tête.

MÉLODIA, *s'adressant à Miguelito.*

Je ne peux pas te le donner, c'est mon oiseau cerf-volant. Il est à moi, il m'obéit.
Elle fait mine de le faire voler tout au loin dans le ciel. Il va plus loin que les arbres et joue avec le soleil ! On dirait Quetzal, l'Oiseau-Roi !

COMMÈRE-LA-GRIMACE

L'Oiseau-Roi ! Tiens ! Tiens ! Quetzal !

MÉLODIA

Oui, c'est un oiseau magique. Regarde, il obéit quand on le commande. C'est l'Oiseau-Roi.

COMMÈRE-LA-GRIMACE

Un oiseau magique ! Tiens ! Tiens !

Pendant que Mélodia fait semblant de faire voler le cerf-volant, Tadéo observe Commère du coin de l'œil et s'intéresse à sa réponse. Il détourne son attention de Mélodia en allant lui parler.

TADÉO

Ah ! Commère-la-Grimace ! Je crois avoir une idée ! Tu vas bientôt pouvoir emporter de la tristesse ! Tu vas nous attendre au village en mangeant quelques *tortillas** et prendre un grand verre *d'arroz con leche**. Nous allons te trouver ce qu'il faut pour Dieu-des-Ténèbres.

Ils sortent.

Scène 7

Le comédien qui joue le crocodile est allongé sur le bord de la scène. Il parle au public.

LE CROCODILE

Je l'aurais bien croquée, cette Commère, mais je dois l'épargner : elle peut nous rapporter la nuit. Bon ! Je fais semblant de ne pas être là. Je confonds ma carapace.

Le crocodile se tourne en direction de Mélodia pour lui adresser la parole.

LE CROCODILE

Moi, je crois que si tu donnais ton cerf-volant à Commère, tout s'arrangerait !

MÉLODIA

Mais je serais triste. Qu'est-ce que je ferais sans mon oiseau ?

LE CROCODILE

C'est pourquoi il va tout de suite intéresser Commère. Ainsi, elle nous rendra la nuit.

LE COLIBRI, *à Mélodia.*

Écoute, je veux bien être ton oiseau cerf-volant ! Je ferai tout ce que tu me diras, je me poserai sur un arbre, je monterai droit vers le soleil. Je te rapporterai quelques belles plumes de toucan* et les filles du village voudront te les échanger contre des coquillages.

LE CROCODILE

Très bonne idée, mais il faudra faire croire à Commère que tu es triste !

LE SINGE

On ira tous de notre larme de crocodile !

MÉLODIA, *après un moment d'hésitation.*

Crocodile a raison ! C'est une excellente idée ! Si Colibri joue avec moi, je veux bien donner mon cerf-volant. On va tromper Commère-la-Grimace !

LE CROCODILE

Vite, allons-y tous de notre larme...

LE SINGE

De crocodile... n'oublions pas !

Pendant ce temps, Mélodia a disposé le cerf-volant bien à plat devant elle. Les animaux forment un demi-cercle autour d'elle. Tout le monde fait semblant de pleurer. Il y a des cris, des gloussements, des plaintes et des lamentations.
Commère revient accompagnée de Tadéo.

COMMÈRE-LA-GRIMACE

Tiens, vous faites de drôles de têtes.

TADÉO

Pourquoi vous pleurez tous ?

COMMÈRE-LA-GRIMACE

Parce qu'ils sont tristes, pardi ! Je commence à comprendre vos coutumes.

MÉLODIA, *en faisant semblant de sangloter au-dessus de son cerf-volant.*

Mon bel oiseau a voulu suivre l'oiseau uirapuru, celui qui ne s'apprivoise pas. Il l'a entraîné dans le ciel et Dieu-Soleil l'a foudroyé ! Regarde, il est tout plat. L'Oiseau-Roi est mort !

LE SINGE, *en sanglotant.*

L'Oiseau-Roi, Quetzal est mort !

LE COLIBRI, *avec de petits cris.*

L'Oiseau-Roi est mort !

LE CROCODILE, *avec un bâillement sinistre.*

Quetzal est mort !

LE PERROQUET

Ça suffit, c'est triste, mais ça suffit ! Ici c'est moi qui répète. L'Oiseau-Roi est mort ! Quetzal est mort !

TADÉO, *rentrant dans le jeu.*

C'est quand même triste !

COMMÈRE-LA-GRIMACE, *qui semble s'exciter tout à coup.*

Je veux emporter dans les Ténèbres cet oiseau qui porte tant de tristesse. Je le veux ! Je le veux ! Dieu-des-Ténèbres vous rendra la nuit.

LE CROCODILE, *sur un ton hypocrite.*

C'est bien pour vous faire plaisir. Finalement, la nuit ne nous est pas très utile. On dort, c'est tout !

COMMÈRE-LA-GRIMACE, *s'approchant du cerf-volant et le touchant.*

C'est vrai, il ne bouge plus, il est tout plat. Il est comme mort ! Mais il est tellement beau !

LES ANIMAUX, *les uns après les autres.*

– Foudroyé !
– Aplati !

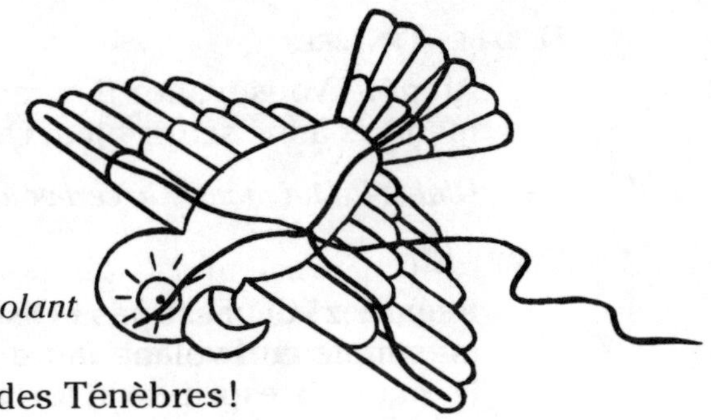

– Anéanti !
– Tout mort !
– Une vraie tristesse !
– C'est vrai ça ! C'est vrai ça !
– Ça suffit !
– Ah bon !

COMMÈRE-LA-GRIMACE, *prenant le cerf-volant sous le bras.*

Vite, je retourne au royaume des Ténèbres !

Elle quitte la scène.

Scène 8

LE CONDOR, *continuant à faire de grands gestes comme s'il s'envolait dans les airs.*

Commère revient au royaume des Ténèbres et y retrouve Dieu-des-Ténèbres et Diable-Rit. Elle s'empresse de montrer le cerf-volant.

COMMÈRE-LA-GRIMACE

Voilà quelque chose de bien triste, Dieu-des-Ténèbres ! C'est Quetzal, l'Oiseau-Roi. Ils ont tous pleuré.

Dieu-des-Ténèbres s'approche et regarde avec curiosité l'objet posé à ses pieds. Commère-la-Grimace chantonne une douce mélodie.

DIEU-DES-TÉNÈBRES

Quelles belles couleurs ! Quelles belles ailes ! Il ne vole plus. Devant cette beauté inerte, je sens la tristesse me gagner. Je vais pouvoir aller dormir et recouvrir la Terre. Je suis tellement las que je te récompenserai demain. Bonne nuit ! Je peux le dire !

COMMÈRE-LA-GRIMACE, *à Diable-Rit qui vient d'entrer.*

Quel ingrat ! Ce n'était pas la peine que j'aille me faire ridiculiser dans ce village pour être récompensée plus tard.

Diable-Rit se met à rire comme un fou en regardant le cerf-volant. En entendant les rires, Dieu-des-Ténèbres revient sur ses pas alors qu'il s'apprêtait à partir.

DIEU-DES-TÉNÈBRES

Ah non ! Vous n'allez pas recommencer à rire alors que je commençais à me sentir bien. Qu'est-ce qu'il se passe encore ?

Diable-Rit lui montre le cerf-volant.

DIABLE-RIT

Regardez ! Ce n'est pas l'Oiseau-Roi, ce n'est pas Quetzal ! C'est un simple cerf-volant, fait de lianes, de feuilles et de branches ! Le mauvais esprit de la forêt te poursuit jusqu'ici !

À partir de cet instant, Diable-Rit tutoie Commère.

DIEU-DES-TÉNÈBRES

Tant pis pour l'Oiseau-Roi ! Disons que c'est un triste cerf-volant ! J'ai vraiment envie d'aller dormir.

COMMÈRE-LA-GRIMACE, *à Diable-Rit.*

Du moment qu'il est triste !

DIABLE-RIT

Mais ce cerf-volant va se réveiller d'un moment à l'autre et tout le monde va encore rire et il fera encore plus jour.

COMMÈRE-LA-GRIMACE

Eh bien, il n'y a qu'à le laisser dormir, du moment que Dieu-des-Ténèbres est triste ! N'est-ce pas, grand dieu ?

DIEU-DES-TÉNÈBRES

Oui ! Oui ! On va se contenter de ça ! C'est assez triste ! Ce n'est pas le moment de faire du vent !

DIABLE-RIT

Après tout, ce n'est pas à moi d'être triste ! Vous faites comme vous voulez.

À ce moment-là, Compère-le-Vent entre en trombe sur la scène.

COMPÈRE-LE-VENT

Qu'est-ce que j'entends ? On ne veut pas faire de vent ? Je vois un cerf-volant couché alors qu'il devrait voler ? Allez hop, tout le monde dans les nuages. Vous allez voir comment je vais le faire renaître !

Compère-le-Vent prend son souffle. Le cerf-volant se soulève au bout d'une gaffe manipulée par un comédien. Il fait quelques évolutions sur scène. Voyant cette image, Dieu-des-Ténèbres se met à rire à gorge déployée.

DIEU-DES-TÉNÈBRES

Ah! comme c'est drôle! Il bouge, saute et fait des éclats de couleurs.

COMMÈRE-LA-GRIMACE, *s'adressant à Compère-le-Vent.*

C'est malin! Vous avez tout gâché! Pour une fois qu'il était triste!

DIEU-DES-TÉNÈBRES, *en riant de plus belle.*

Merci, Compère-le-Vent. Cet oiseau est trop drôle. Regardez! Je le tiens par la queue et j'en fais ce que je veux. Ah, c'est à mourir de rire!

Compère-le-Vent s'énerve et lui retire le cerf-volant.

COMPÈRE-LE-VENT

Bon, ça suffit, donnez-moi ça, il est à moi. Il n'y a que moi pour le faire voler. Vous allez le briser! Moi, il me calme! J'ai au moins quelque chose à me mettre sur le bout du souffle!

Compère-le-Vent quitte la scène, le cerf-volant sous le bras.

DIEU-DES-TÉNÈBRES

Et voilà, c'est tout ce qu'on a gagné! Commère-la-Grimace, vous êtes bête comme un raton-crabier*.

COMMÈRE-LA-GRIMACE

Je vous ferai remarquer que c'est vous qui avez appelé le vent.

DIEU-DES-TÉNÈBRES

Je vous donne une dernière chance : retournez à Québec et rapportez-moi quelque chose d'autre. Tenez, cette histoire me fait encore rire.

Dieu-des-Ténèbres quitte la scène en continuant à rire.

Scène 9

Diable-Rit et Commère-la-Grimace restent seuls en scène.

DIABLE-RIT

Ils se sont moqués de toi ! Écoute, tu vas redescendre au village et tu vas aller voir Maskilili, le méchant esprit de la forêt. Surtout, tu ne lui parles pas de moi !

COMMÈRE-LA-GRIMACE

Ah bon ?

DIABLE-RIT

Je t'ai déjà expliqué pourquoi !

COMMÈRE-LA-GRIMACE

Ah oui ?

DIABLE-RIT

Tu n'as pas plus de mémoire qu'un poisson plat. Donc, dis à Maskilili que tu viens pour faire peur aux animaux et aux hommes et que tu as besoin de son aide…

COMMÈRE-LA-GRIMACE

Oui, parce que avec ma tête, tout le monde va me rire au nez. Mais je ne lui parle pas de toi. J'ai bien compris !

DIABLE-RIT

Oui ! Oui ! Il sera flatté que tu lui demandes conseil car il est très prétentieux.

Scène 10

LE CONDOR, *en reprenant de grandes évolutions sur le plateau.*

Pour la deuxième fois, Commère-la-Grimace descend au village de Quéco. Elle traverse l'épaisse forêt pour aller à la rencontre de Maskilili, le méchant esprit de la forêt.

On peut représenter la forêt par différents branchages tenus par les enfants. Ils peuvent se déplacer autour de Maskilili et Commère.

MASKILILI

Comment es-tu ici ? Comment Mère-de-la-Forêt t'a-t-elle laissée pénétrer cet endroit secret ?

COMMÈRE-LA-GRIMACE

Heu ! Je lui ai dit que j'avais de très mauvaises intentions envers les hommes et les animaux. Elle m'a même conseillé de venir vous voir.

MASKILILI

Si tu as de mauvaises intentions, tu es la bienvenue ! Approche-toi un peu !

Commère s'approche, guère rassurée.

MASKILILI

Allons, approche, n'aie pas peur ! Enfin si ! Ne suis-je pas terrible ?

COMMÈRE-LA-GRIMACE

Oh si !

MASKILILI

Par contre, toi, tu ne feras jamais peur à personne. Si je me laissais aller, je rirais. Ici, c'est défendu ! J'en connais un, Diable-Rit, qu'on a expédié vite fait dans les Ténèbres.

COMMÈRE-LA-GRIMACE

Le pauvre !

MASKILILI

Si tu veux faire peur aux humains et être des nôtres, il faut leur parler de la mort. C'est ce qui les rend le plus triste.

COMMÈRE-LA-GRIMACE

La mort ?

MASKILILI

Mais il faut que tu ressembles à la mort. Tu verras, ils auront tellement peur qu'ils feront tout ce que tu veux.

Commère-la-Grimace

Avec ma tête, je peux difficilement ressembler à la mort. Regardez, même avec ma plus vilaine grimace, je fais toujours rire !

Maskilili

J'avais vu. Tu vas mettre ce beau masque de la mort et tu vas te faire appeler Commère-la-Mort, c'est diablement plus sérieux que Commère-la-Grimace.

On peut profiter du masque pour établir un changement de comédien sur le rôle de Commère, relativement important dans l'ensemble de la pièce.

Commère-la-Grimace

Oui, c'est plus sérieux ! C'est tout ?

Maskilili

Non ! Je vais te donner une compagne pour quelques jours, elle te conseillera.

Maskilili pousse un grand cri relativement lugubre. On voit arriver un étrange personnage habillé d'une sorte de collant sur lequel est esquissé un vague dessin de squelette. Il porte une petite lampe bleue à la main. Il est visiblement ridicule.

Maskilili

Je te présente Lamparilla*. Elle fait toujours peur et te sera d'excellent conseil ! Vous pouvez partir.

Scène 11

Le condor

Lamparilla et Commère-la-Grimace devenue Commère-la-Mort se rendent au village de Quéco pour voir le chaman.

Le chaman, *les voyant arriver.*

J'ai su qu'on avait offert en sacrifice l'Oiseau-Roi et nous n'avons toujours pas la nuit !

COMMÈRE-LA-MORT

L'Oiseau-Roi, l'Oiseau-Roi ! Ce n'était qu'un vulgaire cerf-volant ! Dieu-des-Ténèbres a beaucoup ri, de quoi faire fuir la nuit pour quatre générations. Vous m'avez trompée ! Si vous voulez que la nuit revienne, Dieu-des-Ténèbres doit être réellement triste... Je sais ce qui est le plus triste pour vous. C'est... c'est...

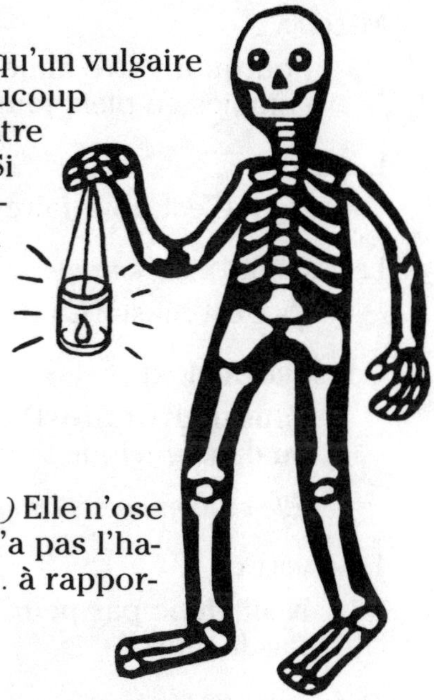

LE CHAMAN

Et alors ?

LAMPARILLA

Alors, dis-le... *(Elle s'adresse au chaman.)* Elle n'ose pas prononcer le mot parce qu'elle n'a pas l'habitude, mais il lui faudrait un... *mort*... à rapporter à Dieu-des-Ténèbres.

LE CHAMAN

Un mort ! Pour le moment, il n'y en a pas. Personne n'a envie de mourir ! Quand on voit la tête que vous avez, on a plutôt envie de mourir de rire. Allez voir les animaux. Avec leurs instincts, ils auront peut-être une idée ! Au revoir, j'ai un travail important à faire avec les Anciens.

Scène 12

Commère et Lamparilla se rendent à l'orée de la forêt et trouvent tous les animaux rassemblés avec Tadéo et Mélodia. Tout le monde bâille de plus en plus. À l'arrivée des deux personnages, il y a un brusque réveil. Tout le monde éclate de rire.

COMMÈRE-LA-MORT

Attention ! Je ne suis plus Commère-la-Grimace mais Commère-la-Mort !

TADÉO

Vous êtes encore plus drôle !

MÉLODIA

Pourquoi votre amie se promène-t-elle avec une lampe ? Nous sommes en plein jour ! Ce n'est pas carnaval !

LAMPARILLA

Heu ! C'est pour faire peur !

LE PERROQUET, *avec ironie.*

Ça c'est réussi ! Ça c'est réussi ! Tiens, je l'aurais bien dit trois fois.

COMMÈRE-LA-MORT

Vous pouvez rire ! Dieu-des-Ténèbres est furieux. Si d'ici demain ou dans quelque temps je ne lui apporte pas une… un…

Elle se tourne vers Lamparilla.

LAMPARILLA

N'aie donc pas peur de ce mot ! *Un mort,* ce n'est tout de même pas la mort !

COMMÈRE-LA-MORT

Donc, il le faut ce… Sinon, la nuit n'est pas prête à tomber.

MIGUELITO, *qui n'a rien dit jusqu'à présent, se lève et va s'adresser avec autorité à Commère et Lamparilla.*

Écoutez, allez passer la journée un peu plus loin. Vous êtes trop drôles, on ne peut pas réfléchir.

Lamparilla et Commère quittent le plateau d'un air vexé.

COMMÈRE-LA-MORT, *à Lamparilla.*

Vous voyez, avec vous, je suis encore plus ridicule. Restez un peu en arrière : nous allons traverser le village.

Scène 13

Les animaux et les trois enfants restent en scène.

TADÉO, *à Miguelito.*

Tu n'aurais pas dû les renvoyer. Tu sais que ma grand-mère est gravement malade, Commère-la-Mort est capable de l'emmener.

MIGUELITO

J'ai une idée. Nous allons leur offrir le plus beau mort de leur vie.

LE SINGE

Si c'est une idée de *conquistador**, je me méfie !

MIGUELITO

Nous allons lui donner une marionnette !

TADÉO

Elle va bien voir que c'est un objet ! Elle ne va pas tomber dans le même piège que celui du cerf-volant !

MIGUELITO

Nous allons faire croire à Commère que la marionnette est un chulla-chaqui. En vérité, c'est le chaman qui m'a soufflé cette idée.

LE CROCODILE

Cela me paraît bien croquant ! Ça se mange ?

MIGUELITO

Vous ne connaissez vraiment rien aux histoires de votre pays ! Le chulla-chaqui est un diable qui peut s'incarner en n'importe quelle forme, adulte ou enfant du village. Lamparilla connaît bien ce genre de diable ! Elle entraînera Commère dans notre piège.

MÉLODIA

On ne va jamais avoir le temps de confectionner cette marionnette !

MIGUELITO

Elle est là, les Anciens et le chaman l'ont faite pour nous !
On va lui donner la parole en cachant Perroquet à l'intérieur.

Miguelito tire des coulisses une sorte de pantin fait de paille de maïs et de tissus colorés. Sa tête est recouverte d'un grand masque.

LE PERROQUET

Et voilà, c'est encore pour moi ! J'aurais mieux fait de ne rien dire ! Je vais étouffer…

Miguelito enfourne Perroquet dans le grand masque de la marionnette. (Le comédien qui joue le perroquet tient dans la main un perroquet en peluche et le met conventionnellement à sa place dans le masque.)

LE PERROQUET

Qu'est-ce que je dois dire ?

MIGUELITO

Pour le moment, tu te tais !

LE PERROQUET

Alors ce n'est pas la peine de faire appel à un perroquet !

MIGUELITO

Tu diras toujours oui !

LE PERROQUET

Donc je ne me tais pas !

Miguelito achève de l'enfoncer dans le masque. On entend le perroquet ronchonner. Tout le monde rit. Arrivent Commère-la-Mort et Lamparilla.

COMMÈRE-LA-MORT

Je vois qu'on s'amuse bien !

LAMPARILLA

On n'est pas sûres d'avoir notre part de tristesse !

MÉLODIA

Ce n'est pas nous qui rions, ce sont les animaux !

TADÉO

Ils ne sont pas concernés par notre deuil.

COMMÈRE-LA-MORT

Et pourquoi ?

MIGUELITO

Parce que nous t'offrons un chulla-chaqui !

LAMPARILLA

Oh là ! Un chulla-chaqui ! Beau cadeau, pour Dieu-des-Ténèbres !

COMMÈRE-LA-MORT

Vous connaissez ?

LAMPARILLA

Bien sûr, c'est un diable qui peut revêtir plusieurs personnalités. Pour le prix d'un défunt, on en aura plusieurs. Mère Commère, c'est une affaire !

COMMÈRE-LA-MORT

Vraiment ?

MÉLODIA

Demandez-lui qui il est !

COMMÈRE-LA-MORT

Tu es un homme ?

LE PERROQUET

Oui !

COMMÈRE-LA-MORT

Tu es une femme ?

LE PERROQUET

Oui !

COMMÈRE-LA-MORT

Tu es un enfant ?

LE PERROQUET

Oui !

LAMPARILLA

Tu vois, il y en a bien trois en un !

Miguelito se met à manipuler la marionnette puis l'immobilise tout à coup. Elle s'affaisse et ne bouge plus.

COMMÈRE-LA-MORT

Pourquoi ne bouge-t-il plus ?

MÉLODIA

Parce que Chulla-Chaqui est mort !

LE PERROQUET

Je suis mort !

Commère s'approche de la marionnette. Elle la touche, lui prend un bras et le lâche : il retombe. Elle lui soulève une jambe et la repose inerte.

COMMÈRE-LA-MORT

C'est ça la mort, c'est tout plat… C'est du silence.

Elle continue à observer l'objet inerte et en fait le tour.

Oui, il a l'air bien mort… Mais il a parlé !

LAMPARILLA, *un peu énervée.*

C'est normal, les esprits parlent !

TADÉO

Et l'on ressent encore plus de tristesse…

COMMÈRE-LA-MORT

Oui, mais…

LAMPARILLA

Oui mais, cela fera très bien l'affaire de ton dieu. Moi je voudrais bien retourner au fin fond de la forêt, ici je m'ennuie. Au grand jour, je ne fais peur à personne. Je me sens ridicule !

LE SINGE

Dommage ! Tu nous amusais bien !

COMMÈRE-LA-MORT

Bon, en route pour les Ténèbres !

Perroquet profite d'un instant de distraction de Commère pour s'échapper de la marionnette. Commère saisit celle-ci sous le bras et paraît relativement contente.

Trois défunts pour le prix d'un !

Elle s'adresse à Lamparilla pour lui dire au revoir.

Merci pour ton aide. Si tu le permets, je garde mon masque. Il plaira bien à Dieu-des-Ténèbres.

Noir. Tout le monde quitte le plateau.

Scène 14

LE CONDOR

Commère-la-Mort revient dans les Ténèbres avec la marionnette sous le bras.

DIEU-DES-TÉNÈBRES

Ah, te revoilà ! Tu as meilleure mine ! Tu parais moins gaie. J'espère que tu as mieux réussi que la première fois. Voyons voir mon petit cadeau…

COMMÈRE-LA-MORT

Regardez, un chulla-chaqui ! Foudroyé ! Aplati ! Anéanti ! Bref tout mort, tout plein de tristesse !

DIEU-DES-TÉNÈBRES, *en touchant les membres inertes.*

Il est bien mort !

COMMÈRE-LA-MORT

Même qu'ils sont trois morts dans un ! Tenez, posez-lui la question !

Comme Dieu-des-Ténèbres hésite, Commère pose elle-même la question.

COMMÈRE-LA-MORT

Tu es un homme ? *(Pas de réponse.)*
Tu es une femme ? *(Pas de réponse.)*
Tu es un enfant ? *(Pas de réponse.)*

DIEU-DES-TÉNÈBRES

Arrête donc de poser ces stupides questions, ils ne peuvent pas répondre puisqu'ils sont morts.

COMMÈRE-LA-MORT, *avec un air de doute.*

C'est vrai ça ! C'est vrai ça ! C'est vrai ça !

DIEU-DES-TÉNÈBRES

Pourquoi tu parles comme un perroquet ?

COMMÈRE-LA-MORT

Les mauvaises habitudes d'en bas !

DIEU-DES-TÉNÈBRES

Ces trois êtres inertes m'attristent ! C'est déplorable ! Trois dans un ! C'est bien ! Triple raison pour enfin aller me coucher.

Commère-la-Mort semble satisfaite et sourit.

DIEU-DES-TÉNÈBRES

Ah ! surtout ne recommencez pas à sourire !
On entend Diable-Rit qui revient en riant.

DIABLE-RIT, *à Commère-la-Mort.*

Tu fais une drôle de grimace !

DIEU-DES-TÉNÈBRES, *s'adressant à Diable-Rit en lui montrant la marionnette inerte au sol.*

Vous voyez ! Bon travail ! J'allais enfin dormir ! Voilà du sérieux, du vrai triste !

Diable-Rit éclate de rire.

DIABLE-RIT

Tiens ! Une marionnette ! On va pouvoir s'amuser !

Diable-Rit s'en empare, commence à l'articuler dans tous les sens et lui fait faire plusieurs évolutions.
Dieu-des-Ténèbres se met à rire aux éclats, s'approche et enlève la marionnette des mains de Diable-Rit pour la manipuler. Il rit. Fatigué, il la pose. En la revoyant inerte, il redevient triste. Il refait le même jeu et voit qu'il alterne de la joie à la tristesse.

DIEU-DES-TÉNÈBRES

Voilà ce qu'il me fallait ! Grâce à cette marionnette, je passe de la joie à la tristesse. Dès lors, je vais pouvoir partager mon temps entre le jour et la nuit. Bravo Diable-Rit, mille fois merci !

COMMÈRE-LA-MORT

Et moi ? C'est moi qui l'ai apportée !

DIEU-DES-TÉNÈBRES

Oui, mais tu ne savais pas t'en servir! Heureusement que Diable-Rit a compris la manipulation du monde. Je vais te récompenser, Diable-Rit : que veux-tu?

DIABLE-RIT

Je veux me venger de Maskilili!

DIEU-DES-TÉNÈBRES

Mieux! Je vais te donner un petit pouvoir qui va étonner les hommes et les esprits!

DIABLE-RIT

Quel genre de pouvoir?

DIEU-DES-TÉNÈBRES

Écoute! Quand j'aurai fini de manipuler la marionnette, je serai triste. J'étendrai donc mon manteau de nuit sur la Terre. À ce moment-là, je t'enverrai un signal par l'oiseau inhambu et tu pourras annoncer chaque fois la venue de la nuit!

COMMÈRE-LA-MORT

Ah oui, j'ai tout compris! La récompense n'est pas pour moi, mais j'écoute quand même. Quand vous manipulerez la marionnette, vous serez gai et vous quitterez votre manteau de nuit.

DIEU-DES-TÉNÈBRES

Et j'enverrai à Diable-Rit l'oiseau cujubin pour qu'il annonce le jour. Ainsi, tout le monde croira qu'il détient le pouvoir du jour et de la nuit... Attention, entre nous, c'est moi qui maîtrise tout.

COMMÈRE-LA-MORT

C'est vrai ça! C'est vrai ça!

DIABLE-RIT

Parfait, je vais bien m'amuser!

DIEU-DES-TÉNÈBRES

Ah non, pitié, plus de ce mot-là à n'importe quelle heure du jour et de la nuit!

DIABLE-RIT

Bon ! Il est temps que je parte !

COMMÈRE-LA-MORT

Et moi ! Au fait ! Je n'ai rien !

DIEU-DES-TÉNÈBRES

Si, tu vas être très occupée. Il faudra sans cesse changer de masque selon le partage de la journée !

COMMÈRE-LA-MORT

Mais ce n'est pas une récompense !

DIEU-DES-TÉNÈBRES

Comment ? Tu seras un esprit à double visage !

COMMÈRE-LA-MORT

Ah bon !

Scène 15

LE CONDOR

Diable-Rit redescend au village de Quéco et traverse la forêt pour retrouver Maskilili.

MASKILILI

Je te croyais dans les Ténèbres, tu n'es pas au terme de ta punition.

DIABLE-RIT

J'ai décidé d'en finir. Tu n'as aucune emprise sur moi. Je n'ai pas de rancune, je te ramène une petite offrande de mon beau voyage dans les Ténèbres.

MASKILILI

Un petit cadeau !

DIABLE-RIT, *avec ironie.*

Je te ramène les Ténèbres !

MASKILILI

Ben voyons ! Tiens, si c'était permis, je me laisserai aller à rire ! Il veut ramener la nuit !

DIABLE-RIT

Ce soir, la nuit tombera sur la forêt et j'annoncerai sa venue en éclatant de rire. Tu n'as plus aucun pouvoir sur moi. Tu vas rester transformé en arbre et tout le monde se tortillera de rire autour de toi !

MASKILILI

Va au diable !

DIABLE-RIT

J'y suis. Tu verras, dans quelques minutes la nuit va bientôt tomber !

Scène 16

Diable-Rit se rend chez les hommes et les animaux. Tout le monde est présent, y compris le chaman.

DIABLE-RIT

Ce soir, il fera nuit ! Ce soir il fera nuit !

LE PERROQUET

Je l'avais bien dit ! Je l'avais bien dit !

LE CHAMAN

Vous voyez, Commère-la-Grimace a tenu sa promesse !

LE COLIBRI

Dieu-des-Ténèbres a accepté la marionnette.

LE SINGE

Il faut dire qu'elle était d'une tristesse !

LE JAGUAR

Même vivante, je ne l'aurais jamais mangée !

LE PAPILLON

Je vais mourir, mais je vais pouvoir rencontrer Papillon de nuit !

LE CROCODILE

Il n'a rien vu ! Il s'est fait duper par une marionnette, c'est comme si je croquais un tronc d'arbre !

LE CHAMAN

À propos, que fais-tu ici, Diable-Rit ?

DIABLE-RIT

Je viens pour me venger de Maskilili ! C'était à cause de lui que la nuit ne revenait pas !

LE PERROQUET

Je l'avais bien dit ! Je l'avais bien dit ! C'était une histoire entre Mère-de-la-Forêt et un mauvais esprit.

LE CHAMAN

Non ! C'est moi qui l'avais dit au début de l'histoire. C'est moi le Sage !

MIGUELITO

En admettant que Diable-Rit dise la vérité, il y a quelque chose qui m'inquiète...

MÉLODIA

Quoi ?

MIGUELITO

La nuit !

TADÉO

Elle ne va pas nous inquiéter puisqu'on l'attend depuis plusieurs jours.

MIGUELITO

C'est vrai, mais elle pourrait rester !

DIABLE-RIT

Ne vous inquiétez pas, j'ai tous les pouvoirs. Je vous préviendrai de l'arrivée du jour comme de la nuit ! Que chacun reste chez soi ou partout. Dans quelques minutes, je vous annonce la nuit par un grand éclat de rire qui sera entendu de toute la forêt.

Scène 17

Cet épilogue, un peu long pour un seul acteur, peut être réparti sur plusieurs Condors ou l'ensemble des animaux.

LE CONDOR

Le jour même du départ de Diable-Rit, Dieu-des-Ténèbres ne put s'empêcher de jouer avec la marionnette. Il joua quelques heures puis, fatigué, il la posa sur son grand fauteuil. Il se mit à la regarder tristement, inerte et immobile.

Une larme coula sur sa joue. Touché par cette grande tristesse, l'oiseau uirapuru, l'oiseau qui ne chante pas et qui ne s'apprivoise pas, se posa doucement sur son épaule. Aussi, Dieu-des-Ténèbres pensa brusquement à la promesse faite à Diable-Rit, il appela alors d'un éclat d'étoile l'oiseau inhambu et l'envoya prévenir Diable-Rit.

Diable-Rit parcourut alors la forêt pour éclater de rire en criant : « Voici la nuit ! Voici la nuit ! »

Le lendemain matin, Dieu-des-Ténèbres découvrit sa marionnette sur son grand fauteuil. Il se mit à la manipuler en riant, et sur les bons conseils de Commère-la-Grimace, il envoya l'oiseau cujubin donner le signal du jour à Diable-Rit. Celui-ci réveilla alors toute la contrée en criant à tue-tête : « Vive le jour ! Vive le jour ! »

« Jusqu'à ce soir seulement... répondirent le chaman et les Anciens, car il est bien agréable de dormir ! »

Les jours s'écoulèrent ainsi. Diable-Rit riait dans sa forêt en compagnie des animaux et des hommes de passage. Maskilili avait fui la contrée. L'oiseau cujubin et l'oiseau inhambu se croisaient chaque jour dans le ciel en échangeant quelques cris complices.

Si vous passez au village de Quéco, vous entendrez cette légende qui raconte comment Diable-Rit détient le pouvoir du jour et de la nuit.

Mais personne ne sait que tout là-haut, au-dessus des hommes, Dieu-des-Ténèbres manipule le monde avec une marionnette faite de paille et de chiffons.

C'est pourquoi vous entendrez rire dans les arbres. Vous y verrez tous les ans un grand carnaval de marionnettes pour remercier Dieu-des-Ténèbres d'avoir laissé une place à Dieu-du-Jour. Pour vous seul, je viens de raconter cette légende, il est inutile d'en dévoiler la vérité.

Le condor quitte la scène. Perroquet passe la tête au bord du rideau, regarde le public puis traverse le plateau en tirant le rideau derrière lui pour fermer la scène.

LE PERROQUET

C'est vrai ça ! C'est vrai ça ! On n'est pas obligé de tout répéter ! C'est vrai ça ! C'est vrai ça ! On n'est pas obligé de toujours raconter la vérité !

FIN

17 acteurs + 1 chœur
de 4 personnes + des villageois
25 minutes
8-12 ans

Paroles de sagesse

de

Anne-Catherine Vivet-Rémy

Afrique

Djebé, petit garçon vif, n'en fait qu'à sa tête : malgré les interdictions de sa famille, il veut pénétrer dans le bois sacré. Il va y rencontrer la panthère, le lion, la tortue et bien d'autres animaux encore qui l'entraîneront dans une aventure où la peur sera parfois au rendez-vous. La sagesse y sera aussi puisqu'à l'issue de son aventure, Djebé va dénoncer son forfait et sera pardonné. Mais le fils de Djebé sera-t-il aussi têtu que son père ?

Remarques

Un intense et profond travail d'expression corporelle sera demandé aux enfants qui interprètent les animaux du bois sacré. Pour cela, travaillez la démarche, le port de tête, la tenue du corps, l'utilisation des bras et, très important, le regard.
On peut envisager de faire jouer le personnage de Djebé par trois comédiens différents : un par acte. Il suffit qu'ils portent le même costume afin d'être facilement identifiés par les spectateurs.

Personnages

- **Djebé** : garçon au caractère vif et malicieux. Il a la langue bien pendue et un visage au caractère expressif. (On peut envisager de faire jouer ce rôle par trois acteurs différents : un par acte. Il suffit qu'ils portent le même costume pour être identifiés facilement par les spectateurs).
- **Le père** : il manie facilement la baguette et crie volontiers. Il accompagne toutes ses paroles de gestes de mains.
- **La mère** : c'est une mère poule, toujours prête à prendre son petit sous son aile.
- **Le grand-père** : il parle comme un livre et reste toujours très calme.
- **Le sorcier** : il parle avec autorité et d'une voix forte.

- **Le griot** : il psalmodie son texte.
- **Des villageois** : ce groupe peut être constitué par des comédiens qui ont joué dans des scènes précédentes.
- **Le chœur** : il est composé de quatre choreutes. Ce sont eux qui commentent l'action, expriment l'intériorité de certains personnages et permettent aux spectateurs de visualiser les scènes qui ne sont pas représentées.
- **La panthère** : tout en elle (le ton, les gestes, la démarche) doit exprimer la ruse.
- **La tortue** : elle se déplace très lentement, a une voix pointue. Elle se montre toujours compatissante envers Djebé.
- **Le lion** : il est arrogant, il rugit plus qu'il ne parle.
- **L'antilope**.
- **Le singe**.
- **Le lièvre**.
- **La hyène** : elle marche, le buste incliné vers l'arrière et le bassin projeté vers l'avant. Elle glapit.
- **Le serpent** : il ne marche pas droit mais ondule. Sa voix est sifflante (insister sur les S).
- **Le masque papillon**.
- **Le masque bœuf**.
- **Un vieux**.

Décor et accessoires

- Les décors seront stylisés au maximum grâce à quelques accessoires.
  – Au début du premier acte, nous sommes devant la case de Djebé. Prévoir un mortier, un pilon (sa mère pile le mil), quelques calebasses ou quelques ustensiles en terre cuite.
  – Pour le bois sacré, demander aux enfants de fabriquer quelques arbres en carton (baobabs), ou de peindre une grande toile représentant la savane qui pourra servir de toile de fond jusqu'à la fin de la pièce.

Costumes

- Djebé est vêtu d'un short rapiécé et d'un tee-shirt. Il marche pieds nus.
- Tous les hommes sont vêtus de boubous ou de djellabas. Ces boubous peuvent être faits à partir de vieux draps. Si l'on veut un spectacle coloré, on peut teindre certains d'entre eux de couleurs vives.
- Le sorcier porte un boubou blanc. Il a de nombreux colliers et amulettes autour du cou et de la taille. Il est muni d'un chasse-mouche (bâton court muni de lanières).
- Les femmes sont vêtues de pagnes colorés. Elle portent des foulards dans les cheveux.
- Les choreutes sont vêtus de grands draps blancs. Leur visage est maquillé de blanc et ils ont les yeux et la bouche cernés de noir. Ils ont les cheveux plaqués vers l'arrière.
- La panthère est vêtue d'un justaucorps noir ou brun sur lequel ont été cousus des ronds de feutrine jaunes et bruns. Son visage peut être soit maquillé soit dissimulé derrière un masque du commerce ou un masque fabriqué par les enfants.
- La tortue porte une carapace sur le dos.
- Les autres animaux portent des collants et des hauts correspon-

dant à leur couleur respective. Leurs visages sont dissimulés derrière des masques fabriqués par les enfants. Si on le souhaite, on peut s'inspirer des masques reproduits dans les livres d'art africain.

Pour le masque papillon et le masque bœuf, on adaptera aux masques des fibres de raphia qui cacheront le corps des danseurs.

N.B. Prévoir une grande ouverture pour la bouche des masques afin que les acteurs soient audibles.

Musique

Introduire aussi souvent que possible des extraits musicaux.
Ainsi, la même phrase musicale peut annoncer l'intervention du chœur. L'arrivée de la panthère peut s'accompagner du générique du film *La Panthère rose.*

En ce qui concerne la cérémonie des masques, les musiques de « Guem et Zaka Percussions » pourront convenir parfaitement. Sinon, toute autre musique traditionnelle africaine fera l'affaire.

À noter

- Avant d'entreprendre un travail sur ce texte, organisez plusieurs séances de travail sur les coutumes africaines, sur les traditions, et lire avec les enfants d'autres contes africains.
- Pour les costumes, vous pouvez aussi regarder des gravures, photos ou dessins représentant des villageois africains. Bien sûr, faites aussi un travail de recherche en ce qui concerne les animaux.

ACTE I

Scène 1

Quand le rideau s'ouvre, la mère de Djebé est en train de piler le mil au centre de la scène. Elle chantonne. Le grand-père est assis dans un coin de la cour.

La mère

Laîka iko, kolopé kolopé kolopé
Mami wa diollé, aya tsi ko telendéko
Aya tsi ko laîko, tsi ko laîko…

Des coulisses, on entend la voix du père, furieux.

Le père

Petit bandit ! Petit voyou ! Je vais t'apprendre, moi ! Il ne sera pas dit que le fils de Koutiélo est un voleur !

Djebé

Aïe ! Aïe ! Aïe !

Ils entrent tous deux sur scène. Le père tient une baguette à la main et Djebé cherche à éviter ses coups. Il crie alors même qu'on ne le touche pas et va se réfugier derrière sa mère.

Djebé

Maman, maman, je t'assure que ce n'est pas de ma faute !

La mère, *en écho.*

Koutiélo, ce n'est pas de sa faute !

Texte de **Anne-Catherine Vivet-Rémy**, *Contes du monde au théâtre*.

LE PÈRE

Cesse de prendre toujours sa défense. Tu ne sais même pas de quoi il s'agit.

DJEBÉ

Elles étaient si belles avec leur teint velouté, leurs joues charnues et leur odeur sucrée ! Elles m'appelaient : « Djebé, viens nous croquer ! » J'ai bien fait la sourde oreille mais elles m'ont dit : « Pitié, Djebé ! Sauve-nous de la vieille bouche édentée de Takité. » Et là, je n'ai pas pu m'empêcher de les manger.

LA MÈRE

Pauvre enfant ! *(Et se tournant vers le père.)* Tu vois bien qu'il n'y est pour rien.

LE PÈRE

Ah oui ? Manger les mangues d'un pauvre vieux à la bouche sans dents et au grenier sans mil, c'est une bonne action peut-être !

LA MÈRE

Non, mais souviens-toi de notre fils quand il est né. Il n'était pas plus gros qu'un grain de sorgho… Maintenant son ventre est comme la gueule du lion affamé : il n'est jamais rassasié.

LE PÈRE, *bougon.*

Grain de sorgho, grain de sorgho ! Femme, tu radotes ! Par les mânes de nos ancêtres, Djebé a bien grandi depuis, mais il pousse comme une mauvaise herbe.

LE GRAND-PÈRE

Oui, que vas-tu devenir, Djebé ? Hier, la pintade de notre voisine t'insultait et tu l'as tuée. Aujourd'hui, des mangues te parlaient et tu les as mangées. Oui, que vas-tu devenir, Djebé ?

LE PÈRE

Un bandit ! Un voyou, grand-père ! Il n'en fait qu'à sa tête. Il ne respecte jamais rien ni personne.

LE GRAND-PÈRE

Tu te crois plus malin qu'un singe, plus rusé que Leuk le lièvre, mais prends garde à toi, Djebé. Il n'y a pas de malin qui ne trouve plus malin que lui… Un jour viendra où tu n'auras pas le dernier mot.

LE PÈRE

Et ce n'est pas fini. Savez-vous qu'on l'a vu rôder près du bois sacré ?

LA MÈRE

Je suis sûre que c'est la vieille Tanga qui t'a dit cela, cette langue de serpent. Elle déteste Djebé et nous jalouse parce qu'elle n'a eu que des filles…

DJEBÉ, *en gonflant ses joues.*

Aussi vilaines que les crapauds du marigot !

Le père, à nouveau, le menace de sa baguette. Djebé file derrière sa mère.

LE GRAND-PÈRE

Attention, Djebé. Tu abuses ta mère par de belles paroles, mais pas moi qui ai le menton velu et les talons rugueux. Sache pour une fois respecter le conseil d'un vieux si tu ne veux pas que ta vie soit celle d'un voyageur par une nuit sans lune.

DJEBÉ, *en aparté.*

Il dit cela mais sa vue est aussi perçante que celle d'une taupe !

LE GRAND-PÈRE

Écoute-moi bien, Djebé, écoute-moi bien. Nul ne peut pénétrer dans le bois sacré.

DJEBÉ

Et pourquoi ?

LE GRAND-PÈRE

Seuls le sorcier et les initiés connaissent le langage des génies et peuvent y accomplir des rites magiques.

LE PÈRE

Et tous ceux qui y sont entrés sans être initiés sont morts ou n'en sont jamais revenus…

Scène 2

Djebé se retrouve seul sur scène.

DJEBÉ, *bougon.*

Ne fais pas ceci, ne fais pas cela.
Ne va pas ici et qwa qwa qwa…
J'en ai assez, moi, de ces interdits.
Je veux vivre ma vie, je n'suis plus un petit.
Mon père me chicote, mon grand-père radote.
Ça ne peut plus durer !
Mais je vais leur prouver que je suis rusé :
j'serai le premier à revenir du bois sacré
sans qu'il ne me soit rien arrivé…

Scène 3

Le chœur apparaît, venant des deux coulisses.

LE CHŒUR

Nous sommes les génies du monde invisible.
Jour et nuit, nous veillons sur les humains.
Nous craignons pour eux les forces nuisibles.
Mais malheureusement, nous n'y pouvons rien.
Très souvent le Mal l'emporte sur le Bien.
Le mensonge rusé terrasse la vérité.
La méchanceté dévore la bonté.
Mais malheureusement, nous n'y pouvons rien.

L'un des choreutes se détache du chœur et s'avance face au public.

CHOREUTE 1, *tendant le doigt vers le public.*

Regardez, voila Djebé qui se met en danger.
Il s'est approché du bois sacré.

CHOREUTE 2, *rejoignant le choreute 1.*

Hélas ! Hélas ! Ce petit d'homme est bien têtu.
Il est resté sourd au conseil du Menton velu.

CHOREUTE 3, *se tordant les mains.*

Djebé, Djebé, je t'en prie, reviens sur tes pas
Sinon un grand malheur s'abattra sur toi!

CHOREUTE 4, *haussant les épaules.*

Mais cessez donc de vous lamenter
Sur le sort du pauvre Djebé!
L'homme, au début de sa vie, n'est qu'un apprenti.
Il a besoin d'épreuves et de leçons
Pour, un jour, proche ou lointain, acquérir la raison.

CHOREUTE 1, *mimant la démarche de la panthère.*

Djebé, Djebé, vois la panthère à la robe mouchetée.
Elle s'avance vers toi, sans bruit, à pas feutrés.

CHOREUTE 2

Tu ne verras en elle, inconscient que tu es,
Que la sveltesse, l'adresse et la rapidité.

CHOREUTE 3

Mais les vieux aux talons rugueux disent
Qu'en elle aussi se tapit la traîtrise.

CHOREUTE 4

Tout malin trouve plus malin…

LE CHŒUR

Et malheureusement, nous n'y pouvons rien.

Scène 4

Les choreutes vont se placer au fond de la scène tandis que la panthère entre d'un côté et Djebé de l'autre. La panthère fait un bond pour s'approcher du garçon; celui-ci recule, effrayé.

LA PANTHÈRE, *d'une voix suave.*

N'aie pas peur, Djebé. Je suis la panthère à la robe mouchetée.
Celle dont on admire la sveltesse, l'adresse et la rapidité.

DJEBÉ, *surpris.*

Mais comment connais-tu mon nom ?

LA PANTHÈRE, *flatteuse.*

Tu es un garçon extraordinaire. Tous les génies de la forêt te connaissent. Nous apprécions ton esprit et ton caractère téméraire.

DJEBÉ

Et que me voulez-vous au juste ?

LA PANTHÈRE

Presque rien. En chassant dans les hautes herbes, je me suis planté une épine dans la patte. Accepterais-tu de me l'enlever ?

DJEBÉ

Pourquoi pas. Mais que me donneras-tu en échange de ce service ?

LA PANTHÈRE

Je sais que tu veux pénétrer dans le bois sacré alors que tu n'y es pas autorisé... Mais si l'on te voit, qu'adviendra-t-il de toi ?

DJEBÉ

Si tu veux m'intimider, cela ne marche pas. Je ne crois pas aux sornettes de mon père et de mon grand-père.

LA PANTHÈRE

Pourtant je t'ai vu hésiter. Un pas en avant, deux pas en arrière...

DJEBÉ

C'est que j'en ai assez des corrections de mon père. Des coups de baguette pour un oui ou pour un non.

LA PANTHÈRE

Je connais un moyen d'y échapper...

DJEBÉ

Lequel ? Parle !

LA PANTHÈRE

Pas si vite. Tu es bien impatient. Enlève-moi cette épine qui m'importune depuis deux jours et je te dirai mon secret.

La panthère tend sa patte à Djebé qui s'approche et lui extrait l'épine.

DJEBÉ

Alors ?

LA PANTHÈRE

Je vais t'indiquer le moyen de devenir invisible.

DJEBÉ, *incrédule.*

Invisible ! Personne ne pourra me voir ?

LA PANTHÈRE

Parfaitement. Invisible, insaisissable. Sauf bien entendu pour nous, les animaux génies. Mais pour cela, il te faut aller jusqu'à la rivière-miroir, te pencher sur l'eau et jeter trois cauris en prononçant ces mots : « Bonki kolo. Wélé gnini na. Boné. »

DJEBÉ, *sur un ton hésitant.*

« Bonki kolo. Wélé gnini na. Boné. »

LA PANTHÈRE

Oui, c'est ça. Et à ce moment-là, tu disparaîtras aux yeux des vivants.

DJEBÉ

Alors, vraiment, personne ne me verra entrer dans le bois sacré ?

LA PANTHÈRE

Tu m'as bien comprise. Transparent comme l'air, comme l'eau qui court dans la montagne. Tu feras ce que tu voudras. À toi les mangues du vieux Takité édenté. À toi les arachides de la méchante Tanga, cette langue de serpent. C'est une nouvelle vie qui commence pour toi.

DJEBÉ

Merci, panthère. J'y vais tout de suite.

LA PANTHÈRE

À très bientôt, Djebé.

Djebé regagne les coulisses en répétant la formule magique. La panthère reste seule sur scène.

LA PANTHÈRE

Le petit Djebé se prend pour un roi.
Il est temps pour lui de connaître la loi.
Est-ce que la saison des pluies serait appréciée
Si, avant, le soleil, de mille feux, n'avait brûlé ?
Est-ce que le bien serait glorifié
Si, au mal, il ne s'était mesuré ?

La panthère quitte la scène.

Scène 5

Le chœur s'avance et gagne le centre de la scène.

LE CHŒUR

Djebé, te voilà dupé par les paroles flatteuses
De la panthère, cette menteuse.

CHOREUTE 1

Tu as obtenu le pouvoir d'être invisible,
Mais revenir au village te sera-t-il possible ?

CHOREUTE 2

Regardez-le courir vers la rivière.
Le voilà penché, un genou à terre.

CHOREUTE 3

Ses lèvres murmurent la formule magique,
Et le voici piégé par ce don maléfique.

CHOREUTE 4

Il court maintenant vers le village.
Prêt à jouer un tour au vieil homme sans âge !

ACTE II

Scène 1

DJEBÉ

Voyons un peu si la panthère ne m'a pas trompé.

Il va à la rencontre d'un vieux qui marche, appuyé sur sa canne. Il se plante devant lui, lui adresse de grands signes, lui fait des grimaces mais le vieux ne le voit pas.

DJEBÉ

C'est donc vrai, je suis invisible! *(S'adressant au vieillard.)* Alors, vieux singe à trois pattes, tu m'entends?

Imperturbable, le vieillard continue à avancer.

DJEBÉ, *battant des mains.*

Il ne m'entend pas non plus. Vilain crapaud, c'est toi qui m'as dénoncé à mon père lorsque je m'étais caché dans notre grenier à mil. Tu vas me le payer!

Il lui tire la barbe et lui arrache sa canne qu'il tient et fait danser dans les airs.

LE VIEUX, *médusé.*

Par les mânes de mes ancêtres, un esprit farceur!

Il essaye maladroitement de rattraper sa canne, trébuche et s'en va en criant dans les coulisses. Djebé se tient les côtes en riant.

DJEBÉ

Et maintenant, je peux aller sans danger au bois sacré.

Scène 2

Djebé pénètre à pas lents dans le bois sacré. Il regarde autour de lui, impressionné. Apercevant une statuette au pied d'un arbre, il s'approche et la prend.

DJEBÉ

Quelle statue! Ça fera une très jolie poupée pour ma petite sœur...

À ce moment-là entre sur scène le sorcier du village, accompagné par le grand-père de Djebé. Aussitôt, oubliant qu'il est invisible, le petit garçon se cache derrière l'arbre.

LE GRAND-PÈRE

Ô grand sorcier! Le fétiche de notre village a disparu!

LE SORCIER

Par les génies de ce bois, tu dis vrai! Je crains qu'un grand malheur ne s'abatte sur nous... C'est un bien mauvais présage que cette disparition.

LE GRAND-PÈRE

Que pouvons-nous faire, grand sorcier, pour calmer les esprits irrités?

LE SORCIER

Retournons au village pour réunir le conseil des Sages. Nous déciderons à quel moment il faudra sortir les masques protecteurs.

Ils quittent la scène en toute hâte et Djebé réapparaît de derrière son arbre. Au moment où il remet la statuette à sa place, la panthère surgit et s'en empare.

DJEBÉ, *tout bas.*

Je crois que je viens de commettre une grosse bêtise...

LA PANTHÈRE, *ironique.*

Alors, Djebé, es-tu satisfait du don que je t'ai fait?

DJEBÉ, *hésitant.*

Oui... Mais maintenant, j'aimerais bien retrouver mon apparence. Ma mère doit s'inquiéter de mon absence.

LA PANTHÈRE, *d'une voix triomphante.*

Ah mais non, Djebé. Tu l'as dit toi-même, tu n'es plus un petit, tu veux vivre ta vie. Te voilà prisonnier dans le monde des génies. Invisible tu es, invisible du resteras. Quant à moi, je garde le fétiche de ton village tant que tu ne sauras pas comment devenir sage…

La panthère quitte la scène avec la statuette. Djebé s'assied au pied de l'arbre, la tête entre les mains, et le chœur apparaît.

CHOREUTE 1

C'est par sa faute qu'il est prisonnier,
Il n'écoute jamais les conseils donnés.

CHŒUR

Mais il fallait qu'il en soit ainsi.
Djebé n'est qu'un enfant, il apprend la vie.

CHOREUTE 4

Il a besoin d'épreuves et de leçons
Pour un jour, proche ou lointain, acquérir la raison.

CHŒUR

Oui, c'est à Djebé lui-même de se débrouiller,
Car aucun de nous ne pourra l'aider.

Le chœur s'éclipse, laissant Djebé seul.

Scène 3

DJEBÉ, *se lamentant.*

Maudite panthère, tu m'as bien eu. Me voilà piégé comme un benêt.
Maintenant, comment sortir de là ? Ce n'est pas possible que je reste pour toujours invisible !

Il éclate en sanglots. Entre à petits pas la tortue.

LA TORTUE

Qu'est-ce que j'entends ? Qu'est-ce que j'entends ? On dirait les pleurs d'un enfant…

DJEBÉ, *levant la tête.*

Tortue, tortue, aide-moi. Je suis un pauvre petit garçon perdu dans un monde inconnu. Je veux rentrer chez moi.

LA TORTUE, *étonnée.*

Quel enfant es-tu donc pour être parmi nous ? Un petit d'homme au pays des génies, voilà qui est surprenant...

DJEBÉ

C'est la panthère qui m'a trompé. *(Poussant un gros soupir.)* Mon grand-père avait bien raison, qui me disait qu'un malin trouve toujours plus malin que lui.

LA TORTUE, *d'une voix lente.*

Si tu es ici, c'est donc... que tu te croyais plus malin que les autres...

DJEBÉ, *en baissant la tête.*

Oui.

LA TORTUE

Je devine aussi que jusqu'à maintenant, tu n'en as fait qu'à ta tête.

DJEBÉ, *confus.*

Oui. Mais je vais changer. Tortue, il faut m'aider car un grand malheur s'abattra sur mon village si je ne reprends pas le fétiche du bois sacré à la panthère.

LA TORTUE

Es-tu vraiment décidé à devenir sage ?

DJEBÉ, *hochant la tête énergiquement.*

Oh oui, tortue !

LA TORTUE

Alors je vais t'aider. Si tu me rapportes trois paroles de sagesse, tu seras libéré du sortilège qui te piège.

DJEBÉ

Et le fétiche ? Comment pourrai-je le récupérer ?

LA TORTUE

Nous verrons bien, le moment venu…

DJEBÉ

Mais, tortue, où vais-je les trouver, ces trois paroles de sagesse ?
Dans le ciel ? Mais je ne suis pas oiseau.
Sous la terre ? Mais je ne suis ni racine, ni vermisseau.
Dans la mer ? Mais je ne sais pas nager sous l'eau.
Tortue, où vais-je donc les trouver, ces paroles de sagesse ?

LA TORTUE

Petit Djebé, tu as un cœur, une bouche, des oreilles et des yeux. Voilà qui te suffira. Et pour commencer, sois attentif à l'histoire que je vais te raconter. C'est en elle que tu découvriras la première parole de sagesse.

Scène 4

LA TORTUE

Il était une fois deux sœurs que leur père voulait marier.

Le chœur entre sur la scène.

CHOREUTE 1

L'une s'appelait Ollé.

CHOREUTE 2

L'autre Soyané.

CHŒUR

Elles sont sœurs jumelles,
Toutes deux très belles.
Mais Ollé est fière, obstinée, volontaire,
Quand Soyané est douce et a bon caractère.

CHOREUTE 3

Apprenant que le chef du village voisin cherche une fiancée,
Ollé aussitôt se met en route pour l'épouser.
Elle croise trois chasseurs armés de lances et de boucliers.

CHOREUTE 4

Ils lui conseillent de refuser tout ce qu'on lui proposera,
Mais elle répond avec dédain : « Je ferai ce qui me plaira. »

CHOREUTE 1

C'est ainsi qu'elle but le lait du buffle alors qu'elle ne le devait pas.

CHOREUTE 2

Qu'elle se prélassa au soleil en compagnie du lièvre alors qu'elle ne le devait pas.

CHŒUR

Et quel fut le résultat de tout cela ?
Jamais le fils du chef n'épousa
Celle qui avait dit : « Je ferai comme bon me semblera. »

CHOREUTE 1

Soyané, à son tour, prend son maigre bagage,
Se met en route pour épouser le chef du village.

CHOREUTE 2

Elle aussi rencontre les trois guerriers
Tout armés de lances et de boucliers.

CHOREUTE 3

Mais au lieu de se montrer fière
Et de leur répondre : « Je sais ce que j'ai à faire. »

CHOREUTE 4

Tous trois, aimablement, elle les remercie
Et agit ainsi qu'ils ont dit.

CHŒUR

Et bien lui en prit
Car, à la fin, avec le chef, elle se marie.

LA TORTUE

Petit Djebé, mon conte est terminé. À toi maintenant d'y découvrir une parole de sagesse... Mais je dois m'en aller. Au revoir, petit Djebé. Et n'oublie pas : ouvre grand ton cœur, tes oreilles et tes yeux.

La tortue et le chœur disparaissent dans les coulisses.

Scène 5

Djebé se retrouve seul sur scène. Il marche de long en large.

DJEBÉ

Ollé a bu le lait du buffle, s'est prélassée au soleil avec le lièvre et le chef n'a pas voulu l'épouser... J'ai trouvé! Il n'est pas sage de boire le lait du buffle ni de se prélasser avec un lièvre au soleil. *(Se ravisant.)* Non, ça ne peut pas faire une parole de sagesse, ça. La tortue a dit qu'Ollé était fière et volontaire alors que Soyané avait bon caractère... J'ai trouvé! Il faut être poli avec les guerriers armés de lances et de boucliers!... Mais moi, je ne rencontre jamais de guerriers armés de lances et de boucliers... Ouh la la! Ollé et Soyané, vous commencez à m'ennuyer. Cette histoire est bien trop compliquée...

Il fait encore quelques pas et, soudain, saute de joie en criant :

J'ai trouvé ! J'ai trouvé ! Ollé ne s'est pas mariée parce qu'elle n'en faisait qu'à sa tête et ne savait pas écouter les conseils qu'on lui donnait.

Scène 6

On entend des bruits de voix dans les coulisses. On se chamaille. Entre le lion, suivi de l'antilope, du singe et du lièvre.

L'ANTILOPE

Mais, lion, tu as perdu la tête...

LE SINGE

De mémoire de singe, jamais on n'a entendu pareille folie !

LE LIÈVRE

Es-tu sûr d'avoir bien réfléchi ?

LE LION, *rugissant.*

Écoutez ! C'est moi le roi des animaux. J'en ai assez de cette discussion. Vous devez accepter mes décisions !

Les animaux aperçoivent alors Djebé. À sa vue, un sourire illumine le regard du lièvre. Il claque dans ses doigts pour montrer qu'il a une idée. Il s'approche du lion.

LE LIÈVRE

Voilà un petit d'homme. Il est jeune et ne sait rien de notre querelle. Demandons-lui conseil.

LE LION

Soit. *(D'une voix puissante.)* Approche, petit.

DJEBÉ, *pas très rassuré.*

Comme vous le dites, je suis petit et ne connais pas grand-chose à la vie.

Tout en parlant, il recule vers les coulisses dans le but de s'esquiver. Le lion fait un bond et le rattrape par le collet.

LE LION

Pas si vite, moustique. Je sais qui tu es. La panthère m'a parlé de toi.
J'apprécie ton caractère volontaire. Tu seras donc le juge de cette affaire.

DJEBÉ, *penaud.*

Je vois bien que je n'ai pas le choix.

LE LION, *d'une voix forte.*

Djebé, moi le lion, le roi des animaux, il ne me plaît pas de régner sur un peuple de vieux à la barbe blanche, aux pattes flageolantes, à la voix tremblante. Toujours ils radotent, évoquent le passé et limitent ma liberté. Je préfère la jeunesse à leur prétendue sagesse. J'ai donc décidé de faire disparaître tous les vieux de chaque espèce. Moi, j'aime la chair fraîche et tendre... Et tous leurs conseils, je ne veux plus les entendre! Désormais, je ne veux plus voir dans mon royaume que pâturages verts et drus. Il faut que, dès demain, tous les brins d'herbe jaunis et desséchés aient disparu.

L'ANTILOPE

Nous te prenons pour juge, Djebé.
Nous, les antilopes aux pattes fébriles, aux cornes dressées,
Qui nous avertira du danger
Sinon la vieille du troupeau toujours aux aguets?
Qui nous guidera dans notre course effrénée
Pour échapper à l'animal aux dents acérées
Sinon la vieille du troupeau qui connaît tous les sentiers?

LE SINGE

Nous te prenons pour juge, Djebé.
Nous, les singes babillards aux mille grimaces,
Qui nous apprendra à jouer des tours, à faire des farces,
Sinon le vieux de la horde dont le poil est usé par les années?
Qui nous apprendra que sous la cosse rigide
Se cache la délicieuse et craquante arachide
Sinon le vieux de la horde à la bouche édentée?

LE LIÈVRE

Nous te prenons pour juge, Djebé.
Nous, les lièvres aux flancs palpitants,

Aux longues oreilles, au nez frémissant,
De tous les animaux, sans vouloir nous vanter,
Nous sommes les plus rusés.
Mais à qui le devons-nous ?
Au plus âgé d'entre nous !
Pour que vive longtemps le petit lapereau
Il lui faut écouter les conseils des vieux os.

LE LION

Alors, Djebé ? Après nous avoir tous écoutés, n'est-ce pas MOI qui ai raison ?

DJEBÉ, *mal à l'aise.*

Ne vous en déplaise, seigneur lion, non.

Les autres animaux applaudissent et soulèvent Djebé dans les airs. Le lion rugit de rage.

LE LION, *très irrité.*

Explique-moi pourquoi j'ai tort, sinon je te dévore !

DJEBÉ

Pourquoi veux-tu tuer les vieux ?
Tu as bien entendu, tout le monde a besoin d'eux.

LE SINGE

Tu as raison, Djebé. Les vieux savent trop de choses pour qu'on puisse se passer d'eux.

DJEBÉ

C'est drôle, je me souviens des paroles de mon grand-père juste avant d'aller dans le bois sacré…

On entend en voix off le grand-père prononcer : « Sache respecter les conseils des vieux si tu ne veux pas que ta vie soit celle d'un voyageur par une nuit sans lune… »

L'ANTILOPE

C'est là une parole de sagesse.

DJEBÉ

Oui, je le comprends maintenant. Lion, crois-moi, tu ne peux pas faire ce que tu veux, même si tu es le roi.

LE LION

Je vais y réfléchir…

Le lion, l'antilope, le singe et le lièvre quittent la scène.

Scène 7

Arrive, en courant, une hyène, un sac à la main. Elle regarde de tous côtés, aperçoit Djebé et se précipite vers lui.

LA HYÈNE, *essoufflée.*

Petit, petit,
J'ai des ennuis,
On me poursuit.

Elle lui fourre le sac dans la main.

Garde ce sac précieusement
Et surtout ne dis rien au serpent.
En attendant, je vais me cacher.

En désignant le sac.

Ensuite, nous partagerons ce déjeuner.

Elle s'enfuit dans les coulisses pendant que le serpent arrive de l'autre côté en ondulant.

LE SERPENT

Petit d'homme, peux-tu m'aider ?
Aurais-tu vu une hyène passer ?

DJEBÉ, *dissimulant le sac derrière son dos.*

Non.

LE SERPENT, *qui a vu la manœuvre.*

En es-tu sûr ?
Cette maudite hyène n'a pu s'évanouir dans la nature !

Djebé se retourne pour fuir le regard du serpent.

Oh! mais tu m'as l'air bien embarrassé!
N'as-tu rien à te reprocher?

Le serpent se place devant Djebé qui lui tourne à nouveau le dos.

DJEBÉ

Non, rien.

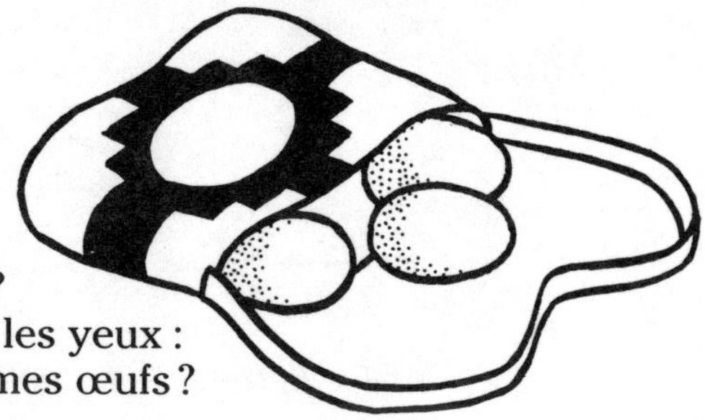

LE SERPENT, *en ondulant.*

Alors, dis-moi,
Que caches-tu dans ce sac-là?
Allez, petit, regarde-moi dans les yeux :
Dans ce sac, n'y aurait-il pas mes œufs?

DJEBÉ

Dans ce sac? Mais rien du tout,
Juste quelques petits cailloux...

Le serpent chatouille Djebé qui laisse tomber le sac, et les œufs roulent sur le sol.

LE SERPENT

Petit voleur, te voilà pris!
Tu m'as menti. Eh bien! Tu vas être puni!

Le serpent commence à l'enlacer de ses bras.

DJEBÉ, *terrifié.*

Serpent, serpent, attends un peu!
Je vais te dire la vérité.
La hyène m'avait donné ces œufs,
Me suppliant de les cacher,
Puis nous devions les partager.

LE SERPENT, *resserrant son étreinte.*

Petit menteur, petit bandit!
Tu es connu chez les génies.
Tu as volé à Takité ses mangues les plus sucrées.
Je vais t'apprendre, moi, à chaparder!

DJEBÉ, *se débattant comme un beau diable.*

Je ne recommencerai pas!
Plus jamais je ne volerai,
Je vous le promets!

Le serpent le soulève de terre. Djebé bat désespérément des jambes.

Au secours ! Au secours ! Aidez-moi !
Sinon le serpent me tuera !

ACTE III

Scène I

Arrive la tortue qui marche aussi vite qu'elle le peut.

LA TORTUE

Qu'est-ce que j'entends ? Qu'est-ce que j'entends ?
On dirait les cris d'un enfant !
Djebé, Djebé, qu'as-tu donc fait
Pour être ainsi traité ?

LE SERPENT

Ne t'en mêle pas, tortue !
Il faut que justice soit rendue.

DJEBÉ

Tortue, pitié, tiens ta promesse !
Je les ai, tes trois paroles de sagesse.

LA TORTUE

Serpent, rends-lui sa liberté, je dois écouter Djebé.
Mais s'il ne dit pas la vérité, alors tu auras le droit de te venger.
Je t'écoute, Djebé.

DJEBÉ, *comptant sur ses doigts.*

Voilà la première parole de sagesse :
Dans ton histoire, tortue, Ollé est punie
Parce qu'elle ne fait pas ce qu'on lui dit.
La deuxième :
Je dois changer de caractère
Et respecter mon grand-père.
La troisième :
J'ai eu tellement peur que le serpent me tue
Que promis, juré, je ne volerai plus.

LA TORTUE

Alors, serpent, qu'en dis-tu ?
Ce petit d'homme a bien changé, par rapport au début...

LE SERPENT

C'est vrai, ce petit d'homme avait besoin de leçons pour acquérir un peu de raison.

S'adressant à Djebé.

Je renonce à te punir mais, à l'avenir, ne me mens plus.

Il disparaît en sifflant et en ondulant dans les coulisses.

LA TORTUE

Eh bien voilà, Djebé, tu es libéré. Tu peux retourner chez les tiens.
« Bonki kolo. Wélé gnini na. Boné. »

Djebé redevient visible. Il tâte ses membres, tout étonné.

DJEBÉ, *tout content.*

Merci, tortue !

Il part en sautillant d'un côté et la tortue trotte à petits pas de l'autre.

Scène 2

Le chœur entre sur scène.

CHŒUR

Sous le soleil, longtemps, longtemps, Djebé a marché
Sans jamais s'arrêter, ni boire, ni manger.

CHOREUTE 1, *s'avançant vers le public et faisant mine de suivre des yeux Djebé.*

Ça y est, enfin, il est presque arrivé !
Le voici tout près du bois sacré.

CHOREUTE 2, *le rejoignant.*

Oh ! mais son visage s'assombrit.

CHOREUTE 3, *haussant les épaules.*

Bien sûr, c'est qu'il n'a pensé qu'à lui !

CHOREUTE 4

Il a oublié de demander à la tortue
Comment récupérer la statue...

CHOREUTE 1

Il appelle en vain la panthère à la robe mouchetée.
Après une longue attente, il s'en va, dépité.

CHOREUTE 2

Aux abords du village, pas une âme...
Serait-il arrivé un drame ?

CHOREUTE 3

À cette pensée, il veut se sauver,
Mais soudain il entend les tambours résonner.

Des coulisses s'élèvent des rythmes de percussions.

CHOREUTE 4

Djebé comprend que les masques vont sortir.
Pour assister à la cérémonie, il se met à courir.

CHŒUR

Les masques vont danser, les masques vont parler
Pour que le village soit sauvé.

Le chœur quitte la scène en dansant au rythme des percussions dont le son va s'amplifiant. La lumière baisse progressivement jusqu'à la pénombre.

Scène 3

Les habitants du village arrivent en dansant. À la tête du cortège se tient le sorcier, suivi du grand-père, du père, de la mère de Djebé. Ils frappent dans leurs mains au rythme de la musique et martèlent le sol de leurs pieds nus. Un musicien est parmi eux, jouant du djembé. Djebé arrive et, discrètement, se place sur le devant de la scène.

LE SORCIER, *levant les bras vers le ciel et se tournant vers la foule.*

A va la gou, a va la dié
Barka Barka
Be va la sassé.

LA FOULE, *en chœur.*

A va la fou, a va la dié
Barka Barka
Be va la sassé

LE SORCIER

Les esprits sont irrités.
Notre fétiche a disparu et ne peut plus nous protéger.
L'un d'entre nous a dû les fâcher.

En silence, il dévisage la foule.

Que les masques parlent et nous révèlent la vérité.

Apparaît le masque papillon qui vient se placer au milieu du demi-cercle formé par les habitants. Il danse, exécute de nombreux sauts avec beaucoup de légèreté puis s'immobilise devant le sorcier.

LE MASQUE PAPILLON

J'ai volé au-dessus des marigots,
Au-dessus des champs de sorgho.
J'ai interrogé les génies des eaux
Mais ils ne m'ont pas dit un mot.

Jusqu'à fatiguer, j'ai survolé
Caïlcédrats, baobabs et karités.
J'ai interrogé les génies de la forêt
Qui ne m'ont pas révélé leur secret.

Sorcier, sorcier, moi, le papillon, je ne peux te dire où le fétiche est caché…

LE SORCIER

A va la gou, a va la dié
Barka Barka
Be va la sassé.

Le masque papillon quitte la scène en bondissant. Lui succède le masque bœuf qui, à son tour, se place au centre du demi-cercle. Il danse en rejetant buste et tête d'avant en arrière. Ses pieds frappent le sol avec force. Enfin il s'arrête devant le sorcier.

LE MASQUE BŒUF

J'ai marché parmi les herbes brûlées,
J'ai martelé le sol craquelé,
J'ai interrogé les génies de la terre,
Mais ils ont préféré se taire.
Le mufle en l'air et en beuglant
J'ai appelé les génies du vent.
Entre mes cornes, ils ont tourbillonné
Mais de la statue, pas un mot ils n'ont soufflé.

Sorcier, Sorcier, moi, le bœuf, je ne peux te dire où le fétiche est caché…

LE SORCIER

A va la gou, a va la dié
Barka Barka
Be va la sassé.

Le masque bœuf quitte la scène, les cornes en avant. Lui succède la panthère qui vient se placer dans le demi-cercle et exécute une danse aux mouvements « félins ». Ensuite, elle s'immobilise devant le sorcier. Djebé, en la voyant apparaître, a un mouvement de surprise et de recul.

LA PANTHÈRE

Il y a ici, au village,
Un être vraiment peu sage.
Dans la brousse, je l'ai rencontré,
Il voulait entrer dans le bois sacré.
Et moi, la panthère rusée,
J'ai décidé de le piéger.
Bonki kolo. Wélé gnini na. Boné.
Sorcier, sorcier, il lui faut se dénoncer
Pour que le fétiche soit retrouvé.

En entendant les paroles de la panthère, Djebé semble pétrifié. Des murmures s'élèvent de la foule. Brusquement, un grand silence plane sur l'assemblée et tout le monde s'immobilise dans son dernier geste. Le chœur vient se placer derrière Djebé.

LE CHŒUR

Le cœur de Djebé est bien tourmenté,
Il ne sait quoi décider.

CHOREUTE 1

Allons Djebé, un peu de courage.

CHOREUTE 2

Prouve-leur à tous que tu es devenu sage.

CHOREUTE 3

Ton voyage au pays des génies...

CHOREUTE 4

...T'a rendu plus réfléchi.

LE CHŒUR, *en faisant le geste de le pousser.*

Allons, Djebé, faute avouée
Est à demi pardonnée...

Scène 4

Le public reprend ses murmures. Le sorcier fait signe à l'assemblée de se taire.

LE SORCIER, *d'une vois grave.*

Vous avez tous entendu les paroles de la panthère. Pour que la sérénité revienne dans notre village, je demande au coupable de se dénoncer.
A va la gou, a va la dié
Barka Barka
Be va la sassé.

Djebé, très lentement, se lève et s'avance vers le sorcier. Les parents de Djebé esquissent un mouvement vers lui.

LE GRAND-PÈRE, LE PÈRE ET LA MÈRE, *en chœur.*

Djebé!

Le sorcier les arrête d'un geste.

LE SORCIER

Parle, Djebé. Nous t'écoutons.

DJEBÉ, *tout penaud.*

Mon grand-père m'avait bien dit de ne pas aller au bois sacré,
Mais j'ai rencontré la panthère qui m'a donné l'invisibilité.
Alors, sûr de ne pas être pris,
J'ai désobéi.
Au pied du grand baobab, j'ai vu une statue,
Et elle m'a tellement plu
Que j'ai voulu l'offrir à ma sœur…
Mais j'ai eu très peur
En vous entendant parler de malheur.
Quand j'ai voulu la reposer…

Il désigne la panthère du menton.

La panthère est arrivée et s'en est emparée.

LA PANTHÈRE

C'est bien, Djebé, tu t'es dénoncé. Je pense que cette histoire t'a servi de leçon. *(S'adressant au sorcier.)* Sorcier, accorde-lui ton pardon.

Le sorcier hoche la tête.

Quant à moi, je cours replacer le fétiche au bois sacré.

La panthère tourne autour de Djebé et quitte la scène en dansant.

LE SORCIER

Eh bien voilà, nous n'avons plus à nous inquiéter,
Le village a retrouvé sa tranquillité.

S'adressant à Djebé.

Quant à toi, mon garçon,
Je t'accorde mon pardon,
Mais qu'on n'ait plus à se plaindre de toi
Pendant des mois et des mois…

Djebé acquiesce timidement et court vers sa mère qui le serre dans ses bras. La foule pousse des cris de joie tandis que les percussions reprennent. Le masque papillon, le masque bœuf et la panthère reviennent et tout le monde se met à danser : les acteurs se mettent en file indienne, accomplissent plusieurs tours sur scène puis disparaissent un à un dans les coulisses tandis que lumière et musique diminuent progressivement.

Scène 5

Le chœur apparaît sur la scène.

LE CHŒUR

Des lunes et des lunes ont passé.
Les saisons des pluies aux saisons sèches ont succédé…

CHOREUTE 1

Le petit Djebé a bien grandi et s'est assagi.
Personne n'a eu à se plaindre de lui.

CHOREUTE 2

Et un jour, le sorcier l'a initié
Aux mystères du bois sacré.

LE CHŒUR

Des lunes et des lunes ont passé.
Les saisons des pluies aux saisons sèches ont succédé…

CHOREUTE 3

Djebé a eu des garçons
Qui n'ont pas tout de suite acquis la raison.

CHOREUTE 4

Le vieux Manakout se fit voler
Ses mangues les plus sucrées.
Pintades et poulets
Se firent courser…

LE CHŒUR

Et à nouveau, dans le village, on entendit :
« Petit voyou ! Petit bandit ! »

CHOREUTE 1

Jusqu'au jour où un étranger
Dans le village est arrivé.

CHOREUTE 2

C'était un conteur, c'était un griot,
Et dans sa bouche dansaient les mots.

CHOREUTE 3

Femmes, enfants, vieillards se réunissaient le soir
Pour écouter, bouche bée, ses histoires.

Sur scène ont commencé à s'installer le griot avec sa kora (sorte de cithare) et des villageois. Ils sont assis en demi-cercle, le griot face au public.

LE GRIOT, *pinçant les cordes de sa kora.*

Écoutez, écoutez l'histoire que je vais vous conter.
À ceux qui l'entendront
Je ferai le don
De trois paroles de sagesse
Qui valent toutes les largesses.
Il était une fois un petit garçon,
Djebé était son nom.
Jamais il n'écoutait
Les conseils qu'on lui donnait.

La lumière baisse progressivement. Quand le griot termine sa dernière phrase, le noir est total sur scène.

Impossible de lui faire entendre raison :
Il lui fallait une bonne leçon.

FIN

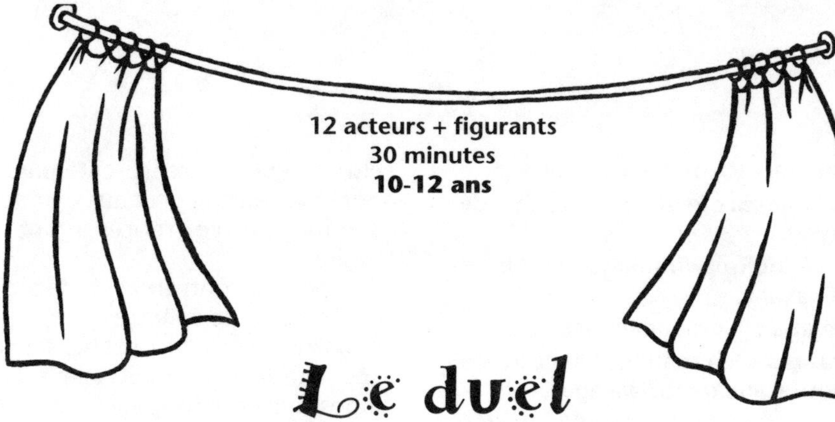

12 acteurs + figurants
30 minutes
10-12 ans

Le duel des dieux

de

Lalie Walker

Pays : Inde du Nord

Deux jeunes conteurs, Lata et Haroun Alifbay, vont de village en village pour raconter l'épopée des dieux de l'Inde. Arrivés à Kibbar, le plus haut village du monde, dans l'Himalaya, ils rassemblent un groupe d'enfants qui vont interpréter la pièce devant tout le village. Haroun et sa sœur Lata vont conter certaines parties de l'épopée du prince Rama, pendant que les enfants joueront la pièce.

Remarques

- Cette pièce est librement inspirée du *Ramayana*, une épopée fondamentale de l'Inde qui conte l'extraordinaire destin du prince Rama, incarnation du dieu Vishnou. Le *Ramayana* demeure aujourd'hui encore une source d'enseignement populaire, à travers des lectures publiques et des représentations théâtrales. L'action principale raconte les péripéties du prince Rama qui doit délivrer son épouse Sita des mains du dieu démon, Ravana. Ses actes sont dictés par le respect du Dharma, la loi irréfutable qui fonde l'ordre cosmique et social.
- La pièce se déroule en haute montagne, au nord de l'Inde, non loin de la frontière chinoise. La population y est en majeure partie constituée de bouddhistes tibétains.

Les personnages

- **Haroun Alifbay :** le conteur et joueur de luth.
- **Lata Alifbay :** sa sœur, conteuse.
- **Rama :** le dieu Vishnou réincarné, noble héros.
- **Sita :** son épouse, l'héroïne au cœur pur.
- **Lakshmana :** frère de Rama, le valeureux guerrier.
- **Agastya :** saint ermite.
- **Shourpanaka :** une démone, sœur de Ravana.

- **Jatayou :** le roi des vautours.
- **Hanouman :** le grand singe, fils de Vayou.
- **Le géant Koumbhakarna :** un frère de Ravana.
- **Ravana :** le cruel dieu démon.
- **Brahma :** le créateur, l'ancêtre du monde, aux quatre visages.

En plus de ces personnages principaux, les rôles seront répartis entre les ombres-démons, les démons-guerriers, et l'armée des singes. Ces rôles sont interchangeables. De même, lorsqu'un personnage disparaît (le vautour Jatayou, l'ermite Agastya), il devient soit une ombre-démon, soit un démon-guerrier ou bien un signe.
Concernant les rôles de Khara le démon, du frère de Ravana et de Sougriva, le roi des singes, ils apparaissent brièvement dans la pièce et n'ont pas de texte à dire.
Ces rôles peuvent être interprétés par l'ensemble des enfants.
À la fin, ils deviennent tous des danseurs et des musiciens pour la fête finale.
Lorsque Lata Alifbay parle, Haroun joue du luth. On pourra choisir toute musique indienne comportant du luth, en fond sonore.

Le décor

- Une forêt séparée en trois parties distinctes, éventuellement par trois chemins différents.

Les arbres peuvent être signifiés par des cartons peints ou du contre-plaqué.

- Chacune des parties est en relation avec un moment du récit :

– la partie de droite (à jardin) est liée au parcours effectué par les personnages avant d'apercevoir l'ermitage ; celui-ci peut être représenté par une petite maison ; on peut aussi projeter une diapositive représentant un temple ;
– la partie centrale est liée à la construction de la hutte ;
– la partie de gauche (à cour) sera utilisée pour la fin du récit ; là aussi une diapositive projetée peut représenter le palais du royaume de Ravana.

Les costumes

- Rama, son frère et Sita sont habillés simplement avec des costumes en cotonnade. Sita porte un collier de perles simple.
- Shourpanaka est revêtue d'un grand tissu somptueux avec des broderies et des fils d'or. (À un moment du récit, nez et oreilles seront coupés. Il est donc nécessaire de le prévoir dans le costume.) Elle porte beaucoup de bijoux. Pour la scène où elle se transforme en démone en tournant sur elle-même (p. 166), on peut par exemple rapidement poser un masque sur son visage pendant le bref instant où elle a le dos tourné.
- Ravana porte une armure scintillante et clinquante en relation avec son orgueil. Il doit briller.
- Haroun et Lata sont bien habillés mais sans ostentation. Lata, par exemple, peut être juste vêtue d'un sari blanc.
- Les animaux peuvent être signifiés par des masques et des collants de couleurs.

Il est nécessaire, pour représenter ce conte, de ne jamais oublier que les Indiens s'habillent avec peu de choses mais qu'ils semblent souvent être magnifiquement parés. Cela vient de l'utilisation des tissus qui, superposés les uns aux autres, peuvent donner une impression de faste.

- Le géant Koumbhakarna est peut-être le personnage le plus difficile à réaliser en apparence. Il ne faut cependant pas oublier qu'un personnage plus haut que les autres (chaussures hautes ou petites échasses) suffit à figurer un géant!
- Les dix bras de Ravana peuvent être en mousse et rattachés au corps par des sangles légères. Les bras ont besoin d'être mobiles ensemble; ils ne doivent donc pas être indépendants.

Les accessoires

- Un luth
- Deux arcs
- Des flèches
- Une épée pour Rama
- D'autres épées pour les ombres-démons
- Un service à thé
- Nourriture

Glossaire

Vishnou : le préservateur, l'un des trois grands dieux hindous.

Brahma : le seigneur de la création, un autre des trois grands dieux hindous.

Hanouman : le dieu singe, allié de Rama, qui a hérité de son père Vayou le pouvoir de voler, la force des ouragans et la capacité à se métamorphoser.

Karma : action, conséquences résultant des actes passés.

Sari : Vêtement formé d'un grand rectangle de tissu entourant tout le corps. En Inde du Nord, les hommes comme les femmes peuvent le porter.

À noter

Cette pièce est très enlevée, aussi bien dans le ton que dans les actions proposées. Batailles, apparitions démoniaques, jets de flèches... Cela, bien entendu, ne doit pas arrêter l'envie de représenter ce conte. Il ne faut jamais perdre de vue l'idée que le théâtre est fait de conventions tacites passées entre les acteurs et les spectateurs. Un rien peut représenter beaucoup. Ce qui va faire « accepter » le déroulement de l'intrigue c'est l'investissement des acteurs dans leur jeu et dans leur envie de défendre l'histoire qu'ils racontent.
Place donc à l'imagination, au plaisir et à la découverte!

Sita, Rama et Lakshmana marchent dans la forêt.
On voit des ombres-démons bouger un peu partout derrière les arbres.

HAROUN ALIFBAY

Cela se passait en des temps très anciens. Victime de la cupidité d'une de ses femmes, le bon roi Dasharata fut obligé de chasser de son royaume son fils préféré, le noble Rama.

Haroun prend son luth.

LATA ALIFBAY

Pauvrement vêtu, armé d'un arc et d'une épée, Rama partit vivre dans la forêt Dandaka peuplée de démons. Son épouse Sita et son fidèle frère, Lakshmana, l'accompagnaient.

SITA, *terrorisée.*

Rama, sortons de cette forêt. Vite !

RAMA, *calme.*

Impossible, ma bien-aimée. Je dois découvrir ce qui se passe ici.

LAKSHMANA

Hé, regardez là-bas ! On dirait un temple...

Texte de **Lalie Walker**, *Contes du monde au théâtre.*

RAMA

Allons-y, il faut trouver un abri avant la nuit.

SITA

Bonne idée. Je n'en peux plus de marcher, et cette forêt me donne la chair de poule.

AGASTYA, *sortant de derrière un arbre et s'inclinant devant eux.*

Bienvenu, nobles étrangers. Je m'appelle Agastya.

LAKSHMANA, *s'inclinant.*

Je suis le prince Lakshmana. Voici mon frère, le prince Rama, et son épouse, Sita.

RAMA, *joignant les paumes des mains devant la poitrine en signe de salut.*

Raconte-nous, l'ermite, que se passe-t-il dans cette forêt ? Tout est noir et triste. Ça empeste la mort et la peur.

Les ombres-démons s'agitent derrière les arbres.

AGASTYA, *triste.*

Les démons nous persécutent. Ils tuent nos frères et nous empêchent de prier. Si ça continue, nous mourrons tous.

LAKSHMANA, *étonné.*

Mais il faut vous battre !

AGASTYA, *encore plus triste.*

Ah ! Mon prince, mais la seule chose que nous savons faire, nous autres les ermites, c'est prier...

RAMA

Agastya, nous nous battrons pour vous.

AGASTYA, *reprenant espoir.*

C'est sûrement Vishnou qui t'envoie, noble Rama.

LAKSHMANA

C'est curieux, mais nous n'avons pas rencontré un seul démon.

AGASTYA

Ils sont pourtant là, noble prince. Tout près. Ils se cachent et se déguisent pour mieux tromper le voyageur.

HAROUN ALIFBAY

Agastya offrit à Rama un arc magique, un carquois inépuisable et des flèches pareilles à des rayons de soleil. Puis il leur indiqua où trouver un endroit pour dormir, et retourna prier au temple.

Sita, Rama et Lakshmana marchent dans la forêt. Les ombres-démons les suivent en se cachant.

LATA ALIFBAY

Le soir venu, Rama, Sita et Lakshmana construisirent une hutte dans la forêt. Ils se couchèrent, s'entourèrent de couvertures et s'endormirent profondément jusqu'au matin.

Les ombres-démons s'installent dans les arbres pour continuer à les épier jusqu'au lever du jour.

SITA, *se levant, préparant un feu et du thé.*

Que cette clairière est belle !

RAMA, *se levant aussi et regardant le ciel.*

Pourtant, il fait bien sombre pour un matin...

LAKSHMANA, *regardant le ciel.*

C'est à cause de tous ces nuages. (*Il pointe du doigt un nuage énorme.*) Hé, regardez ! Mais regardez donc la taille de ce nuage !

Un gigantesque vautour se pose dans la clairière. Sita se met à crier, se cache derrière son mari.

RAMA, *prêt à tirer une flèche.*

Qui es-tu ?

JATAYOU

Je suis le roi des vautours, Jatayou. Ne crains rien, prince Rama, je viens en ami.

RAMA, *soulagé, s'incline.*

Pardonne-moi, noble Jatayou, je t'avais pris pour un démon.

LAKSHMANA, *méfiant.*

Comment connais-tu le nom de mon frère ?

RAMA

C'est un ami de notre père.

LAKSHMANA

Mille excuses, Jatayou... Je suis trop méfiant... À cause des démons.

JATAYOU, *grognant.*

Maudits démons ! Ils détruisent la forêt, se transforment en arbre, en fleur, ou en charmantes personnes pour mieux tromper les voyageurs !

LAKSHMANA, *agitant son épée.*

Nous allons débarrasser cette forêt de tous ces monstres !

JATAYOU

Calme-toi, noble prince, le temps de la guerre n'est pas encore arrivé.

RAMA

Que veux-tu dire ?

JATAYOU

Qu'il faut vous préparer et reprendre des forces. Vous marchez depuis si longtemps ! Je vous ai vus, du ciel.

RAMA, *à son frère.*

Les paroles de Jatayou sont sages. Viens, organisons-nous.

HAROUN ALIFBAY

Durant des semaines et des semaines, tout fut calme. Jatayou survolait la forêt, Sita chantait et faisait la cuisine, Rama priait et chassait avec son frère. Ils ne voyaient pas les démons, mais sentaient leur présence.

LATA ALIFBAY

Un jour, Shourpanaka la démone aperçut Rama et devint folle d'amour pour lui. Comme elle était très laide, elle se cacha derrière un arbre, tourna sur elle-même et se transforma en belle jeune femme.

Shourpanaka vient s'asseoir auprès des deux princes et de Sita qui sont en train de boire le thé et de bavarder. Ils font les présentations. Les ombres-démons les observent toujours.

RAMA, *accueillant.*

Que fait une belle jeune femme toute seule dans la forêt ?

SHOURPANAKA

Je me promène. Je vis non loin d'ici, chez mon frère. (*Souriante.*) Je suis à la recherche d'un mari.

RAMA, *lui tendant une tasse de thé.*

Je te souhaite de le trouver très vite.

SHOURPANAKA

Ô, merveilleux prince, il n'y a qu'une seule chose qui me rendrait heureuse. (*Elle lui fait son plus beau sourire.*) Épouse-moi, beau prince ! Et je ferai de toi l'homme le plus puissant du monde.

RAMA, *souriant.*

Mais, belle princesse, je suis déjà marié.

SHOURPANAKA, *charmeuse.*

Et alors ? Rien ne t'empêche de prendre une deuxième femme, noble prince.

RAMA

Non. La rivalité entre les épouses, c'est trop de malheur. J'ai vu souffrir mon père. Je refuse de prendre une autre femme.

SHOURPANAKA, *furieuse.*

Est-ce que tu es fou, Rama ? Personne ne refuse d'avoir plusieurs épouses !

RAMA, *se méfiant.*

On dirait que ton cœur est malade de colère…

Shourpanaka se lève, tourne sur elle-même et se retransforme en démone.

SHOURPANAKA, *folle de rage.*

Rama, je vais dévorer ta femme, te jeter un sort et tu m'appartiendras !

LAKSHMANA, *levant son épée.*

Arrière, démone ! Ne touche pas à Sita ! (*Il bondit et se met entre Sita et la démone qu'il frappe de son épée.*) Maudite démone ! (*Il lui coupe le nez et les oreilles.*)

SHOURPANAKA, *s'enfuyant dans la forêt en criant.*

Je me vengerai ! Je vais faire appel à mon frère, le grand Khara. Tu ne pourras jamais le battre !

HAROUN ALIFBAY

Folle de jalousie et de douleur, l'horrible Shourpanaka s'enfuit réclamer vengeance à son frère Khara. Immédiatement, celui-ci commanda à une armée de 14 000 démons de venger sa sœur.

Tous les enfants qui faisaient les ombres-démons deviennent les guerriers de Khara. Rama et son frère se battent contre eux. Sita se tient à l'écart pour se protéger.

LATA ALIFBAY

Grâce à leurs flèches magiques et à leur courage, Lakshmana et Rama tuèrent tous les démons. Après la bataille, Jatayou nettoya la forêt. Alors Shourpanaka s'enfuit prévenir son autre frère, le cruel Ravana.

Shourpanaka arrive au palais de Ravana, caché au fond de la forêt. Elle monte en courant un escalier et pénètre dans une grande pièce où se repose son frère.

SHOURPANAKA, *essoufflée.*

Ravana ! Ravana ! Je t'en supplie, aide-moi.

RAVANA, *couché et mangeant.*

Calme-toi, ma sœur, et viens donc te détendre.

SHOURPANAKA, *tremblante de colère.*

Au lieu de te vautrer comme un tas de graisse, lève-toi, Ravana ! Ton royaume est en danger et... et toi... toi, tu ne penses qu'à te goinfrer !

RAVANA, *se redressant, vexé.*

Ma sœur, calme-toi ! Oh ! les vilaines blessures, je comprends mieux ta colère. Je vais envoyer mes hommes pour tuer celui qui t'a défigurée. Te voilà rassurée ?

SHOURPANAKA, *tapant du pied de colère.*

Es-tu idiot, Ravana ? C'est à toi de me venger. Écoute-moi bien : notre frère Khara est mort, et tous ses hommes aussi !

RAVANA, *troublé.*

Toute l'armée de Khara ? Est-ce que les dieux voudraient détruire ma famille ?

SHOURPANAKA, *gesticulant de rage.*

Ravana, qu'est-ce que tu as à la place de la cervelle ? Du beurre mou ? Les dieux n'ont rien à voir avec tout ceci...

RAVANA, *inquiet.*

Mais alors, si les dieux n'ont rien fait... Qui est-ce ?

SHOURPANAKA

C'est l'œuvre d'un seul homme ! Le prince Rama !

RAVANA, *remuant ses dix bras.*

Alors, je tuerai ce prince de mes propres mains.

SHOURPANAKA, *soulagée, fait sa rusée.*

J'ai une meilleure idée, mon frère. Enlève plutôt sa femme, Sita, et tu seras le plus heureux des époux.

RAVANA, *intéressé.*

Vraiment ? Sita est donc si belle ?

SHOURPANAKA

Sita est plus belle, plus douce, et plus aimante que tes dix femmes. (*Elle fait semblant de pleurer.*) Et puis, c'est à cause d'elle que tout a commencé.

RAVANA, *protecteur.*

Ne pleure plus, ma sœur. (*Il éclate d'un méchant rire.*) Je vais faire d'elle la plus belle des veuves... Et ma prochaine femme !

HAROUN ALIFBAY

Usant de magie et de sortilèges, les démons éloignèrent les deux princes de leur hutte, tuèrent Jatayou le vautour et enlevèrent la belle Sita.

Rama et Lakshmana errent dans la forêt.
Les ombres-démons s'agitent derrière les arbres.
Les singes du roi Sougriva avancent à la rencontre de Rama.

LATA ALIFBAY

Désespérés, les deux princes rencontrent Sougriva, le roi des singes, et Hanouman le singe, le dieu du Vent. Ils font alliance, et tous les singes partent dans la forêt à la recherche de Sita.

Au fond de la forêt. Un jardin, avec un mur tout autour et des arbres autour du mur. Assise dans l'herbe, Sita pleure. Derrière le jardin, la ville et le palais de Ravana, où vivent tous les démons.

SITA, *voyant Hanouman le singe, prend peur.*

Va-t'en, démon ! Ne me touche pas !

HANOUMAN

Ne crains rien, princesse. Je suis Hanouman, fils de Vayou et ami de Rama. Je suis venu te délivrer.

SITA, *mi-heureuse, mi-triste.*

Tant que le cruel Ravana sera vivant, je serai en danger. Cours prévenir mon époux. Lui seul pourra nous débarrasser de ce monstre.

HANOUMAN

Tu as raison, princesse. As-tu quelque chose qui prouvera à Rama que je t'ai bien retrouvée ?

SITA, *retirant sa bague.*

Prends cet anneau, Rama le reconnaîtra. Et maintenant, sauve-toi, les gardes vont revenir.

HANOUMAN, *prenant l'anneau et s'inclinant respectueusement.*

Courage, princesse. Nous reviendrons te délivrer très bientôt.

HAROUN ALIFBAY

Avant de quitter le royaume de Ravana, le singe Hanouman décida de s'amuser un peu et sema une immense pagaille chez les démons.

Sita reste assise dans le jardin, mais cesse de pleurer. Au loin, dans la forêt, on voit s'approcher l'armée des singes, Rama et son frère.

LATA ALIFBAY

Le rusé Hanouman était bien décidé à se moquer des démons-guerriers. Il détruisit leurs maisons, renversa tout sur son passage, puis se laissa volontairement attraper.

Plus loin, Rama, son frère et l'armée des singes se préparent à attaquer la ville de Ravana.

RAVANA, *sortant de son palais.*

Alors, qui es-tu, petit singe ? Et que viens-tu faire ici ?

Quelques démons-guerriers s'approchent de Ravana.

HANOUMAN

Je suis le fils de Vayou. Je suis au service du roi des singes, le puissant Sougriva qui a fait alliance avec le prince Rama.

RAVANA, *en colère, se rapprochant d'Hanouman.*

Rama ! Rama ! J'en ai assez de ce Rama !

HANOUMAN

Ravana, laisse-nous partir, moi et la princesse, ou ton karma sera plus lourd qu'un fruit pourri.

RAVANA, *éclatant de rire et agitant ses dix bras.*

Ha, ha, ha ! Comme si j'avais peur d'un petit macaque ! (*Il se tourne vers ses guerriers.*) Ha, ha, ha ! On dit que les singes sont très fiers de leur queue. Qu'on brûle la sienne !

HAROUN ALIFBAY

Obéissant à leur maître, les démons mirent le feu à la queue d'Hanouman, qui réussit à leur échapper. Grâce à sa queue en flammes, il mit le feu partout.

On voit les démons courir en tout sens, Ravana tomber dans la boue, les fesses en l'air, les toits des maisons prendre feu.

LATA ALIFBAY

Puis Hanouman s'enfuit retrouver Rama qui avançait avec son armée en direction du royaume de Ravana. Alors Ravana décida de faire appel à son frère, le géant Koumbhakarna.

Les démons de Ravana se préparent à l'attaque.
Une grotte, non loin du palais de Ravana. Quatre démons-guerriers avancent prudemment. On entend un bruit effrayant, comme un vent furieux. C'est le géant qui ronfle en dormant.

KOUMBHAKARNA

Brreu... Chouiff... Reureu...

DÉMON-GUERRIER 1, *criant et luttant pour résister au vent-ronflement.*

Baissez-vous ! Et avancez à quatre pattes.

DÉMON-GUERRIER 2, *hurlant dans le vent-ronflement.*

Il faut le frapper sur le ventre. C'est son seul point sensible.

DÉMON-GUERRIER 1

À mon signal, on lui tape dessus.

Les démons-guerriers tapent avec les mains sur l'énorme ventre de Koumbhakarna, lui donnent des coups de poing, lui tirent les oreilles, les cheveux, lui soulèvent les paupières pour le réveiller.

KOUMBHAKARNA

Brreu... Chouiff... Reureu... (*Il ouvre les yeux, voit les guerriers autour de lui.*) Encore ces sales mouches ! (*Il les renverse d'une pichenette, se frotte le ventre et se lève.*) Qui ose venir troubler mon sommeil ?

DÉMON-GUERRIER 3, *à moitié assommé.*

Ô Koumbhakarna, le roi Ravana, ton frère, réclame ton aide.

KOUMBHAKARNA, *s'étirant en bâillant.*

Depuis quand mon frère a-t-il besoin de mon aide ? Il a perdu ses pouvoirs ?

DÉMON-GUERRIER 4

Le prince Rama veut lui voler sa nouvelle femme et lui faire la guerre avec son armée de singes.

DÉMON-GUERRIER 1, *flatteur.*

Et le grand Ravana s'est rappelé que tu aimais bien manger du singe pour ton dîner…

KOUMBHAKARNA, *se mettant en marche, lourdement.*

Dis à mon frère qu'avant la nuit, j'aurai capturé et dévoré son voleur de prince!

Koumbhakarna traverse la forêt et terrorise l'armée des singes qui s'apprête à lancer une attaque contre le palais de Ravana.
Rama lui décoche une flèche en pleine poitrine.

KOUMBHAKARNA, *tenant la flèche et criant.*

Tu as tué de grands démons, prince Rama… (*Il retire la flèche et la jette.*) … Mais tu dois savoir que moi, Koumbhakarna, j'ai vaincu le roi des dieux!

RAMA, *tirant une autre flèche d'or.*

Tu n'es qu'un monstre assoiffé de sang ! Ton heure est venue, Koumbhakarna !

HAROUN ALIFBAY

Le géant et Rama luttèrent sauvagement. À bout de force, Rama tira une flèche pareille à la foudre. Le géant s'écroula par terre et roula jusqu'aux portes du palais de Ravana.

L'armée des singes et l'armée des démons-guerriers se battent.

LATA ALIFBAY

Partout, la bataille faisait rage. Alors, Ravana sortit de son palais, mit son armure d'or incrustée de pierres précieuses et monta sur son char.

RAVANA

Que les guerriers valides se tiennent prêts à combattre. Je les conduirai moi-même à la victoire. (*Il aperçoit le corps du géant Koumbhakarna et hurle.*) Vengeance ! Maudit soit le prince Rama !

HAROUN ALIFBAY

Partout, ça criait, ça tuait, et ça grognait. Les démons se cachaient derrière les arbres, mais les singes sautaient de branche en branche et les assommaient avec des pierres et des bâtons.

LATA ALIFBAY

Mais en apercevant Ravana, vêtu d'or et pourtant si horrible avec ses dix bras, les singes prirent peur et s'enfuirent. Seuls Hanouman et Sougriva restèrent avec Rama et son frère.

RAVANA, *tirant une volée de flèches.*

Alors, te voilà ! C'est donc toi le prince Rama qui sème la terreur dans mon royaume ! Ha ! ha ! ha ! Un seul homme pour m'affronter !

RAMA, *tirant lui aussi une volée de flèches.*

Ravana ! Ton règne est terminé !

RAVANA, *agitant ses bras.*

Misérable petit homme ! À qui crois-tu avoir affaire, hein ?

Il tire une nouvelle volée de flèches qui blessent le prince.

RAMA, *sortant une flèche-rayon de soleil.*

Je suis venu reprendre ma femme ! Demande à être pardonné, Ravana, avant que je ne te tue, ou bien ton karma sera si lourd…

RAVANA, *en colère.*

Quelle arrogance, petit homme !

Il se précipite sur Rama.

Rama ajuste son arc, tire en plein cœur, Ravana s'écroule sur le sol, les derniers démons vivants s'enfuient dans la forêt. Les singes reviennent en poussant des cris de joie.

HAROUN ALIFBAY

Alors, les dieux firent pleuvoir une pluie de pétales de fleurs. Après la bataille, Rama ordonna aux singes de faire brûler les cadavres sur d'immenses bûchers et d'organiser les funérailles de Ravana.

LATA ALIFBAY

Il confia le royaume de Ravana à l'un de ses frères, qui était doux et sage. Hanouman fut chargé d'aller délivrer Sita. Croyant que sa femme n'avait pu résister au cruel Ravana, Rama l'accueillit froidement.

LATA ALIFBAY

Folle de tristesse, Sita se précipita vers un bûcher pour se jeter dans les flammes. Alors, Brahma, le dieu créateur aux quatre visages, descendit du ciel et la sauva.

BRAHMA, *très surpris.*

Mais, Seigneur, que t'arrive-t-il ? Comment peux-tu croire que Sita t'a été infidèle ? Tu te comportes comme un vulgaire homme !

RAMA

Brahma, pourquoi ne me dis-tu pas qui je suis en réalité ?

BRAHMA

As-tu vraiment oublié que tu es Vishnou ? Le dieu compatissant, l'ami des pauvres et des misérables ?

RAMA

Alors, explique-moi pourquoi le dieu suprême vit dans le corps d'un homme ?

BRAHMA, *étonné.*

Tu as vraiment tout oublié ?

RAMA, *souriant.*

Je n'ai pas oublié, Brahma. Je sais aussi que Sita est innocente et fidèle. Le feu ne l'aurait jamais brûlée.

BRAHMA, *souriant.*

Je comprends... Parce qu'elle est sortie plus belle et plus pure du bûcher, personne ne pourra oublier sa noblesse de cœur !

RAMA

Et personne n'oubliera que Vishnou est venu s'incarner dans le corps d'un homme pour libérer le monde du cruel Ravana.

BRAHMA

Maintenant, Seigneur, tu dois rentrer chez toi. Ton exil prend fin aujourd'hui.

HAROUN ALIFBAY

Sita et Rama rentrèrent chez eux, accompagnés du fidèle Lakshmana et de tous les singes. Sita offrit son collier de perles à Hanouman pour le remercier. Une fête somptueuse eut lieu.

LATA ALIFBAY

Des joueurs de tambour, de conque et de luth, des chanteurs et des danseurs firent la fête avec le peuple. De mémoire de conteur, on ne connut jamais de règne plus long et plus heureux.

FIN

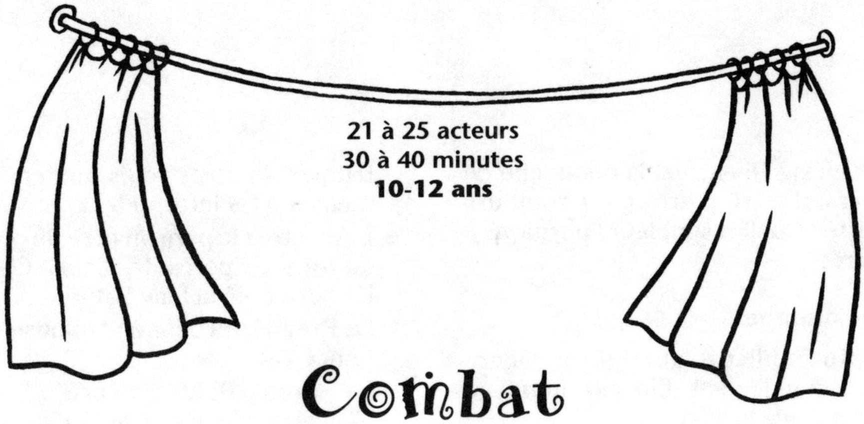

21 à 25 acteurs
30 à 40 minutes
10-12 ans

Combat contre la nuit

Pièce en un tableau de

Patrick Mecucci

Pays : Australie

Un combat s'engage entre ´Xakkí, petit garçon espiègle, et la Nuit qui veut le manger. « Mais on ne mange pas des hommes comme on mange des sauterelles, lui fait remarquer ´Xakki, la loi de l'Homme est de parler. » Tous, rassemblés dans le *bush* (la grand-mère pierre, l'arbre, le buisson Wígu et le buisson Wugí…) sont d'accord.
Un combat de mots s'engage…

Remarques

Notes de l'auteur

- La voyelle « e » se prononce « é » ; la voyelle « u » se prononce « ou ».
- Toutes les voyelles marquées d'un accent indiquent les syllabes toniques.
- La transcription « ´X » indique une consonne palatale qui se produit en claquant la langue contre le palais comme pour imiter le pas du cheval. Cette consonne est en fait tirée de la langue boshimane d'Afrique du Sud, mais son aspect « exotique » séduira les enfants et créera un effet de distance et de dépaysement.
- Il en va de même pour la consonne notée « ´K », sorte de *h* aspiré un peu plus dur qui se prononce dans un souffle comme lorsqu'on se brûle la bouche et que l'on dit « aouh », ´K est « ´Kaud ».
- La consonne « g » se prononce dur, comme dans « guillemets ».

Notes des directeurs d'ouvrage

Ce spectacle nécessite un grand travail d'expression corporelle et peut être conçu comme une chorégraphie propre à chaque personnage.
Il est nécessaire aussi de faire un travail de recherche et de création de personnages ; cela peut être amusant pour les enfants car toutes les propositions seront justes. Exemple : quelles sont la voix et la démarche de la nuit qui est la grande ennemie des

hommes ? Quelle est la démarche de la grand-mère pierre qui a toujours existé ? Quelles sont leurs positions à l'arrêt ?...

Personnages

- **´Ko :** fillette aborigène, légère comme le vent. Elle est du même sang que le koala.
- **´Xakkí :** jeune garçon intrépide, destiné à devenir un grand chasseur.
- **La Nuit :** grande ennemie des hommes. Elle dévore le monde chaque soir. Elle est un visage et deux mains noires. Elle est interprétée par trois comédiens.
- **La grand-mère pierre :** elle était déjà là au commencement. Elle sera toujours là à la fin. Elle est le témoin éternel de tout ce qui se dit, se vit et se raconte.
- **L'arbre :** il a caché la lune Bahlú quand elle fuyait le voleur Wida.
- **Le chien Dingo :** ni positif, ni négatif, il est celui par qui les choses arrivent.
- **Le buisson Wígu :** il est l'ami de tous et offre ses fruits à qui veut les prendre ; il offre aussi son ombre durant le jour, sa protection quand la pluie tombe, et un abri pour dormir la nuit.
- **Le buisson Wugí :** son cœur est sec et amer. Ses rameaux sont couverts d'épines. Il ne donne aucun fruit et ce qu'il prend dans ses branches, il ne veut plus le relâcher.
- **Les quatre femmes d'Altjira :** elles constituent avant tout le noyau du chœur rythmique (voir plus loin « L'ambiance sonore »). Leur disparition très rapide permet de distribuer d'autres rôles aux comédiens qui les interprètent.
- **L'Ancêtre :** le père du père du père de tous les pères de ´Xakki. C'est lui qui a créé la lune Bahlú.
- **La Première Femme :** l'épouse de l'Ancêtre.
- **La lune Bahlú :** créée par l'Ancêtre, elle a mis fin à l'immortalité des hommes. Mais pour se racheter, elle leur a donné des enfants.
- **Le Soleil :** il apporte lumière et vie.
- **Wída l'oiseau-moqueur :** il a volé la lune Bahlú à l'Ancêtre.
- **Le kangourou**, **le koala**, **l'araignée** et **la scolopendre** : premiers nés de la création, ils illustrent aussi des principes positifs et négatifs.
- **Le serpent noir :** un des deux serpents venimeux offerts par la Nuit à la lune Bahlú.
- **Le serpent rayé :** l'autre serpent venimeux offert par la Nuit à la lune Bahlú.

Décor

- La pièce débute au noir. La lumière se fait sur une ambiance de *bush* (le désert d'Australie) entre la savane arbustive et le désert. Le sol, terreux, peut être constitué de cartons mis à plat, assemblés et peints (acrylique) dans des teintes allant de l'orangé au brun-rouge. On peut bien sûr aussi jouer sur la terre si on est en extérieur.
- Les éléments de décor sont assez nombreux dès le début : une grosse pierre, un arbre mort, deux buissons et deux cyclos en tissu de 6 à 8 m de long sur 1,80 m de haut qui représentent successivement le jour (jaune) et la nuit (noir). Un

cyclo étant un rideau de fond de scène qui s'enroule et se déroule comme un écran de cinéma.

- Précisons que ce «décor» est vivant, chaque pierre, chaque arbre étant un être à part entière.

Ambiance sonore

- L'occasion est offerte de travailler les rythmes à partir d'éléments simples de percussion, d'onomatopées, de mélodies à bouche fermée et de bruits divers.
- *Exemple purement indicatif :*
  Le « **chant clair** » se situerait plutôt dans des tonalités aiguës, des timbres doux et un rythme calme et régulier. Une ligne musicale continue pourrait être donnée par deux ou trois enfants soufflant régulièrement dans des bouteilles de verre, remplies de manière à donner des notes de hauteurs différentes, comme on souffle dans une flûte de pan. Sur cette base pourraient se rajouter des voix claires : chants à bouche fermée, comme pour une berceuse, sur quatre notes montantes ; un rythme de claquements de mains viendrait structurer l'ensemble sur huit temps : un temps fort, sept temps faibles.
  A contrario, le « **chant sombre** » serait heurté et se situerait plutôt dans les graves ; son timbre serait menaçant. Un piétinement rapide et bruyant servirait de base rythmique sur un tempo binaire. La base mélodique pourrait être constituée d'enfants soufflant dans des tubes en carton fort à la façon de ces trompes aborigènes appelées *didgeridoo.* Les voix qui se superposeraient à cela ne chanteraient pas à proprement parler, mais émettraient plutôt des exclamations, des cris gutturaux qui s'inscriraient dans la rythmique définie.
- Ces ambiances sonores viennent soutenir les scènes de récit mythique et permettent de mettre en place une chorégraphie simple sur la base des indications scéniques qui les accompagnent. Elles renforcent également l'identification des forces de l'ordre, de la lumière, et celle des forces des ténèbres et du chaos.
- Qu'on ne s'effraie pas en imaginant la mise en place d'un véritable « ballet »! Il s'agit simplement une mise en scène très structurée des déplacements dans un espace bien défini.

Accessoires

- Une sagaie
- Un propulseur
- Un boomerang
- Un réceptacle (boîte contenant le feu)
- Des lances et des boucliers
- Des marshmallows pour symboliser les vers blancs

Costumes

- Dans un pays au climat semi-désertique et chez un peuple de chasseurs-cueilleurs, le « costume » est souvent constitué de peintures corporelles et de quelques plumes, feuilles et os judicieusement placés. Nos climats et notre culture rendent sans doute difficile un réalisme trop poussé... On peut se tirer d'affaire en se rabattant, suivant les saisons et les latitudes, sur les costumes de plage, maillots de bain redécorés, ou les costumes de danse, collants et justaucorps, de préférence unis et dans les teintes neutres, que l'on décorera aussi d'éléments naturels divers, animaux ou végétaux.

◆ Un maquillage, éventuellement corporel, fait de motifs pointillistes en forme de circonvolutions, dans les tons blancs, noirs et rouges.

◆ La grand-mère pierre : costume en mousse teintée, ou carton peint dont on a déformé le volume et dans lequel se glisse l'acteur.

◆ L'arbre : tube de carton peint et bosselé, aux bras tordus, dans lequel se glisse l'acteur.

◆ Le buisson Wígu : costume vert, avec des branchages et des baies rouges.

◆ Le buisson Wugí : costume brun, avec branches mortes et épines.

◆ La lune : costume argenté.

À noter

◆ En amont de ce travail, il nous paraît intéressant de développer un travail sur l'Océanie, ses coutumes, ses régions, sa géographie, ses cultures, etc. Ainsi, le *quoll* est un chat marsupial carnivore qui a des mœurs nocturnes.

◆ **Altjira :** le premier, celui que personne n'a créé. Il a fait les hommes et toutes les choses qui croissent, courent et respirent sur la terre, dans les eaux et dans les airs.
Pour les Aborigènes, le temps de la création, l'**Alchuringa**, est aussi le temps du rêve et c'est par le rêve que la création d'Altjira s'est opérée. C'est par le rêve qu'Altjira parle encore aux hommes et c'est dans ce rêve de l'âge d'or que baigne une grande partie de la pièce.

◆ Il nous semble important aussi de réfléchir avec les enfants à ce que ce conte peut nous révéler sur notre façon de vivre ; il est empreint d'une philosophie de la vie tout à fait abordable par les enfants (ex. : la lutte du bien contre le mal, la lutte des contraires, la lune n'existe pas sans le jour, etc.).

◆ Une attention particulière sera portée à la mise en scène qui doit être simple et juste. Les déplacements, l'occupation de l'espace, le travail de rythme auront une importance aussi grande que le texte.

Sur la scène, le chien Dingo, assis sur ses talons, mange de gros vers blancs qu'il attrape en grattant sous une grosse pierre, située au centre de la scène. Un visage affleure à la surface de la pierre, yeux fermés, face au public. Derrière la pierre, un arbre sec. Lui aussi a un visage, mais aux yeux ouverts. À l'avant-scène cour, le buisson Wígu; à l'avant-scène jardin, le buisson Wugí. Le cyclo jaune est tendu au fond de la scène. Au centre, le visage jaune du Soleil a, lui aussi, les deux yeux bien ouverts, même s'il commence à bâiller.

LE CHIEN DINGO, *grattant plus fort, sans résultat.*

Eh, grand-mère! Soulève tes fesses, qu'on puisse attraper quelques gros vers!

LA GRAND-MÈRE PIERRE, *se réveillant en sursaut.*

Qui parle? Qui m'appelle? Où sommes-nous? Quelle heure est-il?

LE CHIEN DINGO

C'est moi, grand-mère, le chien Dingo. Ici, c'est le désert d'Australie que les Blancs appellent le *bush*. C'est la fin d'après-midi et le Soleil commence à se fatiguer de briller. Toi, tu es la grand-mère pierre. Derrière toi, c'est l'arbre. Il est là depuis presque aussi longtemps que toi. À ma droite c'est le buisson Wígu, à ma gauche c'est le buisson Wugí. Toi, tu es assise sur les vers blancs de la nuit, les gros vers blancs si bons à manger. Et si tu t'assois dessus, comment veux-tu qu'on les attrape?

LA GRAND-MÈRE PIERRE

La nuit me les a donnés à garder. Elle va bientôt venir... (*Elle se rendort.*)

LE CHIEN DINGO

Oh oh... Tu crois qu'elle saura qui a mangé les vers?

LE BUISSON WÍGU

Elle sait tout sur tous. (*Il s'endort.*)

LE CHIEN DINGO

Comment vais-je m'en sortir?

Texte de **Patrick Mecucci**, *Contes du monde au théâtre*.

LE BUISSON WUGÍ

Elle te mangera et ce sera bien fait ! Ça t'apprendra à lever la patte sur moi à chaque fois que tu passes par ici ! Je vais en rêver avec plaisir... (*Il s'endort.*)

´Kó et ´Xakkí arrivent à ce moment. Ils ont l'air fatigué et perdu. ´Xakkí traîne derrière lui une petite sagaie et un propulseur.

LE CHIEN DINGO, *pour lui-même.*

Eh, c'est peut-être ma chance... (*Aux enfants.*) Bonjour, petits ! Quel bon vent vous amène ?

´XAKKÍ

Chien Dingo, tu dis faux. Ce vent était mauvais. Il a effacé nos traces dans la poussière et le campement du clan a disparu derrière les collines.

´KÓ

Nous sommes perdus. J'ai faim...

LE CHIEN DINGO

Quelle bonne nouvelle ! Enfin... Je veux dire, c'est bien dommage... Mais j'ai peut-être quelque chose pour toi...

´KÓ

Même un vieil os serait le bienvenu...

LE CHIEN DINGO

Un vieil os ? Mais j'ai bien mieux que ça ! Viens ! Regarde : sous cette pierre qui dort se trouvent de délicieux vers blancs !

´XAKKÍ, *méfiant.*

Chien Dingo, pourquoi nous donner ce que tu aimes tant ?

LE CHIEN DINGO

Eh... Mais... J'aime donner, c'est ma nature !... Mais je dois rentrer, on m'attend... À une prochaine fois, et régalez-vous !

Il disparaît. Les enfants « s'attablent » et commencent à déguster. Pendant qu'ils mangent, le cyclo jaune du jour s'abaisse, dévoilant en arrière-plan un cyclo noir de mêmes dimensions, mais terminé, à cour et à jardin, par deux « mains » qui sont des enfants habillés et masqués de noir. Au centre du dispositif, le visage noir de la nuit les regarde méchamment. Parallèlement, l'éclairage peut passer dans les bleus ou simplement diminuer en intensité.

´KÓ, *s'arrêtant soudain de déguster les vers.*

´Xakkí… J'ai comme une main froide qui me serre le cœur…

´XAKKÍ

Moi aussi… *(Il se retourne brusquement et découvre le visage d'épouvante qui le contemple de haut.)* Haïmi ! Qu'elle est vilaine ! *(Il se redresse et arme sa petite sagaie sur son propulseur, prêt à défendre leurs vies.)*

LA NUIT, *s'adressant à ´Kó d'un ton hargneux.*

Tu mangeais mes vers blancs ! Je t'ai vue !

´KÓ

Mais, je ne savais pas…

LA NUIT, *prenant soudain un ton doucereux.*

Oh… Oui, ma chère… Oui, oui… Tu as mangé mes vers sans le savoir, c'est ça ?

´KÓ

C'est comme tu l'as dit.

´XAKKÍ

Il n'y avait pas ton signe gravé sur chacun d'eux.

LA NUIT, *du même ton.*

Oh… Oui, mon cher… Oui, oui… Tu es un garçon avec une langue pointue comme ta sagaie, n'est-ce pas ?

´XAKKÍ

C'est comme tu l'as dit.

LA NUIT, *du même ton.*

Quel est ton nom ?

´XAKKÍ

´Xakkí est mon nom. Et voici ´Kó. Elle sera ma femme un jour, quand j'irai chasser seul et que je porterai les marques du clan.

LA NUIT, *du même ton.*

Oh... Oui, oui... Elle est très belle. Oui, oui... (*Changement complet de ton et d'attitude, elle redevient hargneuse.*) Mais elle a mangé mes vers tout de même ! Et moi qui suis très vieille et pas belle, et même plus laide que n'importe qui dans le *bush*, moi je vais te manger à mon tour ! Ah ! Ah !

Ses deux bras de nuit s'étendent de part et d'autre comme pour les enserrer et elle se dresse plus haut.

XAKKÍ

Attends ! Tu ne manges pas l'homme comme la sauterelle ! Tu ne manges pas l'homme sans respecter la loi de l'homme ! Si tu manges la sauterelle, la loi de la sauterelle est de sauter pour t'échapper. Si tu l'attrapes, c'est bien. Tu as respecté sa loi. La loi de l'homme est de parler. Si tu veux manger l'homme, tu dois suivre sa loi et parler pour l'attraper.

LA GRAND-MÈRE PIERRE

Il a dit comme cela doit être !

L'ARBRE

Il a dit la loi du *bush* !

LE BUISSON WÍGU

C'est la loi, tous la respectent !

LE BUISSON WUGÍ

C'est la loi d'Altjira. Moi, je n'aime pas l'homme... Mais c'est la loi.

Tous se sont tendus vers elle, presque menaçants, tout au moins indignés.

LA NUIT, *surprise par cette réaction générale et revenant à une fausse douceur.*

Oh... Oui, oui... La loi... La loi d'Altjira... Alors qu'allons-nous faire ?

´XAKKÍ

Un combat de mots. Tu as tes mots pour construire le monde, j'ai les miens. Si tes mots sont plus forts, ton monde est plus fort. Tu nous manges. Sinon, nous rentrons au campement de nos parents et toi tu restes à ronger tes vieilles rancunes comme le chien Dingo ronge ses vieux os.

LA NUIT

Qu'il en soit comme tu as dit. La fille ´Kó sera la première à dire.

La nuit quitte sa place au cœur du cyclo noir pour venir se mêler aux autres comédiens sur le plateau.

´KÓ

Je dis : La terre était vide de gens. Et la mer était vide de gens. Au ciel, il n'y avait qu'Altjira et ses femmes qui couraient d'un campement à l'autre pour entretenir le feu.

Entrent les quatre femmes d'Altjira, masquées (ou maquillées) et vêtues de blanc. Elles portent Altjira endormi, lui aussi masqué (ou maquillé) et vêtu de blanc. Elles le déposent à terre et se mettent à courir sur place et à souffler rythmiquement sur des braises invisibles.

LA NUIT

Elles couraient, ces femmes ! Ah ! Ah ! Ah ! Et moi, ces feux, je les couvrais de mon ombre.

´KÓ

Et Altjira rêvait.

LA NUIT

Mais ses rêves étaient pleins d'ombre. Et ses rêves ne lui montraient que de la nuit car je veillais, moi seule, et j'éteignais les feux et ses femmes couraient sans but, d'un campement à l'autre. Ah ! Ah ! Ah !

Le rythme des quatre femmes se fait plus heurté, leur souffle est un halètement et s'accompagne de cris d'effort.

´XAKKÍ

Je dis qu'alors Altjira eut un rêve de lumière. *(Clameur des femmes.)* Et ce rêve était le Soleil. *(Clameur des femmes.)* Et le Soleil sauta de son œil fermé pour faire un trou dans ta robe noire !

Sur un cri de délivrance, les femmes ont cessé de courir et de haleter, elles s'assoient, la lumière remonte d'un cran. Parallèlement, le cyclo noir de la nuit perd la moitié de sa hauteur car le cyclo jaune du Soleil se lève à moitié.

LA NUIT, *dans un cri de rage.*

Ah ! J'ai dit à Altjira que je suis l'écorce où il a peint le ciel et la terre, en rêvant ! Et si l'écorce entre en colère, elle brûle, et le ciel disparaît ! (*Les quatre femmes poussent un gémissement d'angoisse.*) Et si elle brûle encore, la terre disparaît ! (*Les quatre femmes poussent un gémissement plus fort.*) Et si elle brûle encore, le rêve s'efface ! (*Les quatre femmes poussent une clameur d'effroi.*) Et alors il ne reste rien, même pas le vent. Et Altjira prend peur et me laisse la moitié du jour ! Et pendant cette moitié, je suis encore la seule !

Les « mains » de la nuit poussent une clameur sauvage et entament un bref pas de danse guerrière. Le cyclo jaune du Soleil disparaît de nouveau tout à fait. La lumière baisse à nouveau et un lourd silence pèse sur la scène.

´KÓ, *après un temps.*

Mais moi, je dis qu'Altjira s'éveilla la moitié du jour car la lumière brillait.

Un chant à peine perceptible commence à sourdre des coulisses et des quatre femmes d'Altjira, comme une note d'espoir.

´KÓ

Et ses femmes voyaient et pouvaient faire cuire les racines et la viande. Alors on pouvait vivre.

Le chant commence à prendre de l'ampleur.

´KÓ

Et Altjira se dit que la terre et la mer étaient vides de gens. Et les arbres et les montagnes étaient vides de gens. Et pendant la nuit, il rêvait des gens de toutes sortes !

Des coulisses, à présent, sort la voix d'une multitude à naître. Nous l'appellerons « le chant clair ».

´XAKKÍ, *s'adressant directement à la nuit.*

Je dis : Altjira rêva les hommes qui chassent et les femmes qui font le feu. Et le feu était comme le Soleil et faisait des trous dans ta robe, même la nuit !

Le couple primitif, celui du premier Ancêtre, entre sur scène, dans une grande clameur de joie. L'Ancêtre est armé de son boomerang et la première femme tient le réceptacle où est le feu. En coulisses et sur scène, le rythme du chant s'est accéléré et les voix s'entremêlent. Après s'être levés pour accueillir le couple, Altjira et ses quatre femmes disparaissent en coulisses.

LA NUIT

Mais moi, j'étais à son oreille ! Et il rêva aussi les bestioles aux nombreuses pattes qui piquent l'homme et gâtent sa nourriture.

Une nouvelle ligne mélodique, discordante et heurtée, vient se mêler à la première et la corrompre ; nous l'appellerons « le chant sombre ». Entrent les bestioles (l'araignée et la scolopendre).

´XAKKÍ

Il rêva le kangourou qui donne sa chair à la sagaie !

Le chant clair reprend le dessus. Entre le kangourou, à la grande queue.

LA NUIT

Il rêva l'oiseau-moqueur qui reste près des feux et qui rit chaque fois que le feu s'éteint ou que la nourriture brûle.

Le chant sombre prend le dessus. L'oiseau-moqueur aux plumes multicolores entre en scène.

´KÓ

Il rêva le koala qui mange l'eucalyptus.

Le chant clair reprend le dessus. Entre le koala aux oreilles ornées de touffes de poil et à la truffe de charbon.

LA NUIT

Il rêva le serpent noir et le serpent rayé qui portent la mort dans vos campements !

Le chant sombre reprend définitivement le dessus. Les deux serpents entrent en scène en exécutant une danse guerrière. Ils frappent sur leurs boucliers avec leurs lances, bientôt accompagnés par les autres êtres « sombres » qui frappent le sol du pied et sèment la terreur auprès des êtres « clairs ». La lumière a baissé de nouveau, et les « mains » de la nuit reprennent leur progression.

LA NUIT

Et quand les hommes meurent, c'est à nouveau la nuit...

La lumière n'éclaire plus que le visage de la nuit, même le chant sombre s'est arrêté, et ses « mains » ont presque encerclé les enfants. Au dernier moment, alors que la nuit va tout engloutir, le koala prend la parole.

LE KOALA

Rappelle-toi, ´Xakkí ! Rappelle-toi ce que chantait L'Ancêtre. L'Ancêtre était comme toi, du même sang que le quoll et le quoll chasse la nuit...

´XAKKÍ

Je dis ! (*Un temps fort où tout se suspend aux mots qu'il va prononcer.*) L'Ancêtre marchait le long de la plage et par terre il vit briller la nacre d'un coquillage !

L'ANCÊTRE

Alors L'Ancêtre se dit : « Je vais l'emporter avec moi et´, dedans, je taillerai une lumière et je l'appellerai lune. Je la porterai dans ma coiffure et elle éclairera ma piste lorsque je chasserai la nuit ! »

La lune Bahlú entre en scène à ce moment. La lumière remonte d'un coup. Les « sombres » vont se dissimuler derrière le cyclo, les « clairs » se redressent, les « mains » s'écartent et un rythme de claquements de mains s'installe discrètement en fond sonore.

LA LUNE BAHLÚ

Je suis la lune Bahlú. Tu m'as fait ouvrir l'œil sur le monde qui respire. Toi qui chasses la nuit, comme le quoll, je serai ton œil dans la chasse et j'éclairerai ton pas dans le *bush*.

LE KANGOUROU

Et l'Ancêtre la plaça dans sa parure de cheveux et elle regardait devant lui, dans le *bush*, lorsqu'il chassait la nuit.

La nuit sort de derrière le cyclo, suivie de l'araignée et de la scolopendre, et vient à l'avant-scène. Tous trois se réunissent en un hémicycle de conspirateurs pour chuchoter leurs plans, leurs fronts se touchant presque. L'échange suivant se fait donc près du public, sur le fond sonore discret mais présent des claquements de main.

LA NUIT

La colère me saigne dans l'œil!

L'ARAIGNÉE

Elle voit le monde rouge de la colère.

LA NUIT

Et je dis : très bien...

LA SCOLOPENDRE

Mais ça veut dire : très mal!

LA NUIT

Et je fais venir à moi Wída l'oiseau-moqueur*! (Wída les rejoint et s'agenouille devant le groupe.)* Et je lui dis : Wída, tu es intelligent?

WÍDA L'OISEAU-MOQUEUR

Oui, je le suis!

LA NUIT

Tu es plus intelligent que les autres et pourtant ce n'est pas toi qui portes la lune Bahlú à ton front.

WÍDA L'OISEAU-MOQUEUR

Cet homme, cet Ancêtre, est un imposteur et il m'a volé la lune Bahlú!

LA NUIT

Pourquoi ne fais-tu rien?

WÍDA L'OISEAU-MOQUEUR

Que faire?

LA NUIT

Envoie-le chercher le miel sauvage aux arbres qui portent les abeilles.

L'ARAIGNÉE

Dis-lui bien qu'il doit laisser ses parures en bas…

LA SCOLOPENDRE

… s'il veut pouvoir grimper sans que les branches ne le retiennent.

WÍDA L'OISEAU-MOQUEUR

Et Wída fit ainsi.

Il entonne un chant triomphant qui accompagne son cheminement sautillant et sinueux tout autour de la scène. Depuis l'avant-scène, les trois conspirateurs observent en ricanant.

WÍDA L'OISEAU-MOQUEUR

´Xopíkaï! ´Xopíkaï! L'abeille est ma petite sœur! ´Xopíkaï! ´Xopíkaï! Le miel sourit dans ma bedaine! ´Xopíkaï! ´Xopíkaï! Il n'y a qu'à demander pour être servi!

L'Ancêtre et la Première Femme l'ignorent tout d'abord, puis ne le quittent plus des yeux et s'attachent à ses pas pour le suivre comme des zombies.

L'ANCÊTRE

L'Ancêtre aussi voulait manger du miel sauvage.

LA PREMIÈRE FEMME

Et la Première Femme en voulait aussi!

Tous les personnages animaux et humains s'assoient en cercle pour écouter le récit de l'aventure. Le larcin est mimé par les personnages qui le content, tandis que ceux qui ne sont que spectateurs le commentent gestuellement et par onomatopées entre les répliques.

WÍDA L'OISEAU-MOQUEUR

Et Wída lui montra l'arbre qui était très haut et il lui dit qu'il tiendrait la parure et la lune pendant que l'ancêtre grimperait.

LE KOALA

Et l'Ancêtre grimpait vite car son estomac était dans ses mains et ses pieds.

WÍDA L'OISEAU-MOQUEUR

Et bientôt l'Ancêtre fut tout en haut.

L'ARAIGNÉE ET LA SCOLOPENDRE

Et Wída s'enfuit avec la parure! Hi! Hi! Hi!

Les « sombres » se lèvent et dansent en rond en scandant les : « Hi! Hi! Hi » et les « Ah! Ah! Ah » tandis que les « clairs », accablés, restent assis le dos rond et la tête baissée. Soudain, la lune Bahlú se lève et se place à l'intérieur du cercle pour redonner courage aux autres.

LA LUNE BAHLÚ

Mais la lune Bahlú, qui sommeillait, ne reconnut pas l'odeur de l'Ancêtre et elle s'éveilla. Et elle résolut de s'échapper!

LE KOALA, *se levant à son tour pour la rejoindre.*

Mais l'Ancêtre était redescendu, le ventre tendu de miel, et il ne vit plus Wída et il sut qu'on l'avait trompé!

L'ANCÊTRE, *allant au centre à son tour.*

Mais alors, il lança son grand cri-boomerang qu'il avait appris de l'aigle-autour!

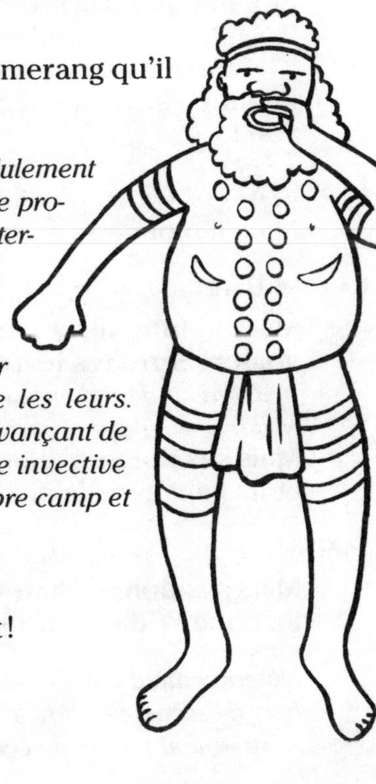

Tous les « clairs » reprennent ce cri, un hululement qui va du grave à l'aigu, le prolongent et le projettent vers Wída qui tombe. Puis, sans s'interrompre, ils ramènent le cri vers l'Ancêtre, de l'aigu au grave, et celui-ci le rattrape. À présent, les « sombres » et les « clairs » se font face en deux lignes. Le serpent noir et le serpent rayé sont venus rejoindre les leurs. Chaque comédien donne sa réplique en avançant de deux pas, comme pour jeter un défi ou une invective au camp adverse, puis il regagne son propre camp et c'est un ennemi qui prend la parole.

LA LUNE BAHLÚ

La lune saute de la parure et s'enfuit!

WÍDA L'OISEAU-MOQUEUR

Wída la voit et court après elle!

LE KANGOUROU

Les jambes de la lune sont plus longues que celle de Wida!

L'ARAIGNÉE

Mais ses ailes sont plus courtes, il va la rattraper!

LE KOALA

La lune se cache dans un arbre creux!

´KÓ

Et il y a dix fois plus d'arbres que deux fois les doigts des deux mains et des deux pieds!

LA SCOLOPENDRE

Wída fouille vingt fois plus d'arbres que deux fois les doigts des mille pattes de mon ancêtre!

LE SERPENT NOIR

Et il finit par s'arrêter près du vieil arbre eucalyptus!

´KÓ

La lune est bien cachée au fond de son trou, il ne peut pas la voir!

LE SERPENT RAYÉ

Mais il plonge sa main dans la fente de l'arbre!

LA LUNE BAHLÚ

Mais la lune dit à l'arbre : « Tu dois m'aider à échapper à ce voleur! Serre tes lèvres de bois sur son bras! »

LA NUIT

Mais ses doigts s'allongent et s'allongent, car je les fais pousser, et ils sont sous le nez de la lune et ils vont l'attraper!

´XAKKÍ

Mais ses doigts chatouillent et chatouillent et la lune éternue si fort que Wída est projeté hors du monde!

L'éternuement émane de tous les « clairs ». Les « sombres » sont projetés hors de scène, derrière le cyclo noir. À l'exception de la lune, les « clairs » se rassoient en arc de cercle autour de la pierre, dos au public.

La Première Femme

À cette époque, on vivait bien.

L'Ancêtre

La lune Bahlú restait avec les gens toutes les nuits.

´Kó

Et quand les gens mouraient, la lune soufflait dans leurs narines et ils s'éveillaient en éternuant et ils rentraient dans leurs campements.

´Xakkí

Et l'Ancêtre chassait la nuit et ramenait de la viande pour manger. (*À la nuit.*) Et la nuit resta seule, et triste, et jalouse des gens !

À l'exception de l'Ancêtre, qui s'en va chasser derrière le cyclo, et de la lune qui veille sur eux, les clairs s'endorment. La nuit sort de derrière le cyclo et se met à grogner, à crisser et cracher comme un chat en colère, avec elle, ceux du « chant sombre » et, particulièrement les deux serpents. Ils tournent autour des clairs endormis, les menacent sans résultat et tapent du pied en éructant.

L'araignée

La nuit est vieille. Elle connaît des secrets.

La scolopendre

Elle a vu le premier matin et le premier soir.

Le serpent noir

L'Homme est jeune.

Le serpent rayé

La lune est jeune.

La Nuit

La Nuit en sait plus qu'eux.

Leur sinistre ronde s'arrête à l'avant-scène et la nuit prend la parole.

La Nuit

Toi le rayé, et toi le noir, je vous offrirai à la lune en vous appelant chiens et nous verrons bien.

Accompagnée de ses deux serpents, elle se dirige vers la lune Bahlú qui veille sur le sommeil des clairs.

La Nuit

Eh, jeune lune ! Tous ont une compagne ou un compagnon, mais toi, tu veilles sur leur sommeil sans personne pour te distraire.

Le serpent rayé et le serpent noir

Ouah ! Ouah ! Ouah ! Laisse-nous venir avec toi !

La lune Bahlú

Quels sont ces deux animaux qui dansent auprès de toi ? Ils ont l'air gai et amical.

La Nuit

Ce sont des chiens que je t'offre en toute amitié.

La lune Bahlú

Merci. Je vais les garder auprès de moi pour qu'ils me tiennent compagnie et j'irai les montrer aux gens pour qu'ils les aiment et les nourrissent.

´Xakkí

Mais l'Ancêtre chassait la nuit et il avait tout vu. Et il courut partout pour prévenir les gens à deux et quatre pattes.

Tous les clairs se dispersent et, lorsque la lune s'approche d'eux avec ses deux serpents, ils commencent un étrange ballet en se dissimulant derrière les éléments : la pierre, l'arbre ou les buissons.

L'Ancêtre

Et la lune Bahlú vint dans nos campements et elle disait : « Regardez mes chiens ! »

Le kangourou

Mais personne ne voulait jouer avec eux.

Le koala

Et la lune fut peinée.

La lune Bahlú

Vous êtes ingrats et injustes ! Mes chiens sont mes seuls compagnons et, parmi vous, personne ne veut les accueillir.

L'Ancêtre

Écoute, lune, tes chiens sont différents des nôtres. S'ils nous touchent, nous mourons. S'ils jouent avec nos chiens, nos chiens meurent.

La Première Femme

Yabaï´Xo ! Lune ! Tu sèmes la peur avec tes chiens !

La lune Bahlú

Mes chiens sont gais !

L'Ancêtre

Yabaï´Xo ! Lune ! La Mort suit la danse de tes chiens !

La lune Bahlú

Mes chiens sont amicaux !

La Première Femme

Yabaï´Xo ! Lune ! Tes chiens effacent la création d'Altjira !

La lune Bahlú

Comme je suis déçue de vous, hommes… Aussi, quand vous mourrez vous ne renaîtrez plus, car je me retire de la Terre et je monte dans le ciel avec ces deux-ci.

Le serpent noir et le serpent rayé

Quoi, nous montons aussi ?

La lune Bahlú

Bien sûr, n'êtes-vous pas mes chiens fidèles ?

Le serpent noir et le serpent rayé

Mais, nous sommes de cette Terre et c'est là que nous voulons rester !

LA LUNE BAHLÚ

Si la Terre vous plaît plus que moi, alors restez avec elle et que les bras et les pieds vous tombent ! Et que vous rampiez sur la Terre pour être au plus près d'elle !

Les deux serpents tombent à terre et doivent maintenant ramper les bras le long du corps et les jambes jointes.

´XAKKÍ

Et la lune Bahlú est allée au centre du désert et elle est montée sur la grande pierre rouge très haute et, d'un bond, elle est montée au ciel où elle a disparu.

La lune disparaît en coulisses. Aussitôt les sombres encerclent les clairs. Ce cercle va se rétrécir lentement et la lumière baisser sur tout le passage qui suit.

LA NUIT

Elle est partie ! Elle n'est plus revenue ! Et vous êtes restés seuls avec moi ! Et maintenant vous mourrez pour de bon.

´KÓ

Alors, la Première Femme est morte.

´XAKKÍ

Alors, L'Ancêtre est monté sur la pierre rouge très haute et il a dit : « Lune ! As-tu oublié qui t'a faite ? As-tu oublié qui t'a ouvert les yeux sur la création d'Altjira ? As-tu oublié que c'est mon couteau qui t'a taillé dans la nacre du coquillage ? »

Le visage de la lune vient alors occuper la place laissée libre par la nuit au centre du cyclo noir, et l'encerclement des sombres est stoppé.

´KÓ

Et la lune Bahlú apparaît et elle dit :

LA LUNE BAHLÚ

Ancêtre, je me souviens. Je ne redescendrai plus sur Terre, mais j'éclairerai vos nuits depuis le ciel et tu pourras continuer de chasser la nuit, comme le quoll.

´XAKKÍ

Yabaï´Xo ! Lune ! Tu n'éclaireras bientôt plus que des os, car tous meurent et ne renaissent plus.

´KÓ

Et la lune voit l'Ancêtre pleurer la Première Femme.

´XAKKÍ

Et la lune pleure, elle aussi.

À partir d'ici, le cercle des sombres commence à se desserrer.

´KÓ

Et ses larmes tombent sur la Terre.

´XAKKÍ

Et bientôt, des enfants en sortent.

´KÓ

Et leur rire égaye les campements de tous les gens, à deux ou quatre pattes.

Ici, le cercle des sombres éclate ; les sombres sont jetés à terre, y compris la Nuit, et la lumière se fait éclatante.

LA GRAND-MÈRE PIERRE ET L'ARBRE

Et l'homme ne mourra plus jamais car de l'homme naîtra l'homme !

LE KANGOUROU

Et le kangourou ne mourra plus jamais !

LE KOALA

Et le koala ne mourra plus jamais !

´XAKKÍ

Et aussi l'araignée, la scolopendre, les serpents et le chien Dingo, car tous ont leur place sous le ciel d'Altjira. Et tous verront leurs enfants.

Les sombres se lèvent et viennent se joindre aux autres, sauf la Nuit qui reste à terre.

´XAKKÍ

Tous... sauf la Nuit qui n'a jamais rien créé et qui veut rester seule au monde.

LA NUIT

Je vous dévorerai un jour! Un jour...

´KÓ

Mais pas aujourd'hui, car maintenant, c'est l'heure du Soleil, et toi tu dois laisser la place!

La Nuit tente de fuir, mais elle est ensevelie sous le cyclo noir qui s'abat pour laisser la place au cyclo jaune du Soleil.

TOUS

Bonjour, grand œuf!

LE SOLEIL

Allez, enfants, rentrez au campement de vos parents, mon œil regarde vos pas dans la poussière et vous ne vous perdrez plus.

TOUS

Adieu, enfants!

´XAKKÍ

Adieu n'existe pas dans le *bush*, nos traces se croiseront de nouveau un de ces jours...

´KÓ

... ou une de ces nuits!

FIN

Mise en page : AGD Dreux
Illustrations : Anne Horrenberger
Édition : Céline Lorcher
Corrections : Gérard Tassi

Achevé d'imprimer en mars 2004
par l'imprimerie Campin 2000, à Tournai, Belgique
N° d'éditeur : 989
N° Projet : 10113268